MASTERS
QUEEN
EM DISCOS E CANÇÕES

— **MASTERS** —

Marcelo Facundo Severo

QUEEN
EM DISCOS E CANÇÕES

Copyright © 2018 por Sonora Editora
1ª Edição – 2018
Todos os direitos dos autores reservados. Proibida a reprodução, armazenamento ou transmissão de partes ou a totalidade deste livro, através de quaisquer meios, sem prévia autorização por escrito dos detentores de direitos envolvidos.

www.sonoraeditora.com.br
www.facebook.com/sonoraeditora
Direção Editorial: Marcelo Fróes
Assistente Editorial e Revisão: Maíra Contrucci Jamel
Diagramação e Projeto Gráfico: Raquel Soares
Impressão e Acabamento: Editora Vozes
Direção Executiva: Michel Jamel
Crédito das Imagens: EMI/Universal Music
Fotografia da capa: Denis O'Regan (Getty Image)

CIP-BRASIL. CATALOGAÇÃO NA FONTE
SINDICATO NACIONAL DOS EDITORES DE LIVROS, RJ

S486m Severo, Marcelo Facundo
Masters: Queen em discos e canções / Marcelo Facundo Severo. – Rio de Janeiro: Sonora Editora, 2018.
272p.: il.

ISBN 978-85-5762-018-6

1. Música. 2. Biografia. 3. Discografia. II. Título.

CDD 920

Catalogação na fonte por Graziela Bonin CRB – 14/1191.

AGRADECIMENTOS

Em primeiro lugar a Deus.

À minha família: Meus pais, José e Julia; meus irmãos, João, Hélder, Liduina, Carla e Sandra; e a melhor banda de rock de todos os tempos ao lado dos Beatles: Queen.

Agradecimento especial ao meu querido Flávio George Aderaldo e às mulheres para quem sempre hei de cantar "Love of My Life", Dayse Drovette Severo e Mariana Drovette Severo, a meus grandes companheiros Setsuo Kaedei e Paulo Canosa, e àqueles que nunca irei esquecer Leonardo Milagres Severo e Aurélio Francisco Toito Junior

E a todos aqueles que me ajudaram de alguma forma neste projeto:

Aos queridos Henrique e Liane Seligman, Rafael Casado, Claudio Dirani, Celeste Lucarelli Milagres, Lucas Milagres, Guilherme Milagres, Marina S. de Brito, Leticia S. de Brito, Celso Silva de Brito, Bruno K Sato, Tatiane Drovette Sato, Sandro Kendy Sato, Emerson Drovette, Ana Iris Drovette, Carlos Eduardo Drovette, Flavia Tamires Portela Drovette, Giovanna Drovette, Alexandre Portela, Alecsandro Amaro de Lima, André Mauricio Geraldes Martins, Fabiano Donizetti Barile, André Polidoro, Alexandre Serra dos Santos, Ricardo Pellis, Omar Abou Samra Filho, Ivan Daniel Manieri, Rodrigo Silva Santos, Luis Carlos Ataíde Barbosa, José de Matos Damasceno, Alexandre Otsuka, Orlando Reis Miranda, Beto Iannicelli, Lady Taylor, Reinaldo Krammer e a Queen Tribute Brazil, William Severo Facundo, Camila Severo Facundo, Kiko Imamura, e muitos outros.

APRESENTAÇÃO

O livro que você tem em suas mãos preenche uma lacuna importante para os fãs brasileiros: a contextualização da discografia do Queen, faixa a faixa, escrita por um fã, pesquisador e músico brasileiro.

Estas três características do perfil de Marcelo Facundo Severo foram fundamentais para a realização deste trabalho: a dedicação do fã, a organização do pesquisador e o conhecimento técnico do músico.

Conheci Facundo "há muitas luas atrás", em decorrência de sua atuação como guitarrista em algumas bandas de tributo ao Queen, sempre com sua fiel cópia da Red Special, a guitarra de Brian May. Em uma dessas ocasiões em particular (um ensaio num estúdio em São Paulo), evidenciei pessoalmente seu nível de comprometimento musical na execução do material do catálogo da banda, e ao longo dos anos venho acompanhando sua evolução como colunista em sites brasileiros dedicados ao Queen, respondendo a questionamentos (por vezes complexos) enviados por fãs.

Esta experiência curricular culminou nesta obra, para a qual proponho o seguinte exercício: localize, neste livro, sua música favorita do Queen e leia a respectiva seção. Em seguida, com a letra da mesma em mãos, ouça--a com atenção, de preferência com fones de ouvidos.

Muito provavelmente sua experiência será bem diferente de suas audições anteriores, de forma que, após a leitura completa deste livro, você passará a "ouvir" Queen com outros "olhos"!

Antônio Henrique Seligman
Colecionador

SUMÁRIO

Prefácio do autor		**09**
PRIMEIRA PARTE	A Banda	**11**
	Uma Banda Real	**13**
	Freddie Mercury	**13**
	Brian May	**16**
	Roger Taylor	**19**
	John Deacon	**20**
	Queen: Os Primórdios	**20**
SEGUNDA PARTE	Os Álbuns	**25**
/ / / / / / CAPÍTULO 1	Queen	**27**
/ / / / / / CAPÍTULO 2	Queen II	**39**
/ / / / / / CAPÍTULO 3	Sheer Heart Attack	**53**
/ / / / / / CAPÍTULO 4	A Night at the Opera	**67**
/ / / / / / CAPÍTULO 5	A Day at the Races	**87**
/ / / / / / CAPÍTULO 6	News of the World	**101**
/ / / / / / CAPÍTULO 7	Jazz	**115**
/ / / / / / CAPÍTULO 8	Live Killers	**131**
/ / / / / / CAPÍTULO 9	The Game	**143**
/ / / / / / CAPÍTULO 10	Flash Gordon	**155**
/ / / / / / CAPÍTULO 11	Hot Space	**167**
/ / / / / / CAPÍTULO 12	The Works	**181**
/ / / / / / CAPÍTULO 13	A Kind of Magic	**195**
/ / / / / / CAPÍTULO 14	The Miracle	**207**
/ / / / / / CAPÍTULO 15	Innuendo	**221**
/ / / / / / CAPÍTULO 16	Made in Heaven	**235**
/ / / / / / CAPÍTULO 17	Cosmos Rock	**251**
Faixas Extras		**263**
Referências		**269**

PREFÁCIO DO AUTOR

Queen Magic Works foi inicialmente lançado em agosto de 2010, e em pouco tempo alcançou grande sucesso entre os fãs do Queen e não tardaram os *feedbacks* positivos. Porém a análise da obra do Queen é muito dinâmica e nos anos seguintes ao lançamento do livro continuei pesquisando com afinco a obra e cheguei a duas conclusões: algumas informações precisariam ser corrigidas e muitas outras novas adicionadas ao trabalho.

O principal motor das novas descobertas foram os *multitrackings* da banda. Esses arquivos trazem totalmente separadas todas as trilhas de diversas músicas, nelas é possível descobrir detalhes "maravilhosos" como uma exuberante guitarra de doze cordas em "Under Pressure", ou um pequeno erro de execução de Brian May em "We Are the Champions".

Neste período também aprimorei meus estudos de música, o que me possibilitou compreender muito mais a essência da obra da banda: as reais influências, os detalhes de execução e, principalmente, o DNA do Queen, aquilo que faz a banda ser diferente de qualquer outra.

Segue então a obra agora muito mais completa, recheada de novas informações e com a adição de novos álbuns e diversas canções gravadas pelo Queen durante sua existência.

Um agradecimento especial a Setsuo Kaedei Junior que me ajudou bastante nesta nova etapa.

Uma dica ao leitor: procure ouvir cada disco e estabelecer uma conexão entre o livro e o álbum. Certamente, o prazer será ainda maior!

"God Save The Queen!"

MASTERS

PRIMEIRA PARTE

A BANDA

A BANDA

UMA BANDA REAL

A história do Queen se inicia quando Freddie Mercury – ainda conhecido somente como Farouk Bulsara – se junta a Brian May e Roger Taylor, ambos membros de um conjunto chamado Smile, e resolvem montar um novo grupo. Durante esse período três contrabaixistas passaram pelo grupo até o momento em que John Deacon apareceu e a banda consolidou sua formação. Assim nascia o Queen: uma das maiores bandas de rock de todos os tempos. Mas antes do Queen muita coisa aconteceu com os quatro garotos, vamos conhecer esta história.

FREDDIE MERCURY

IBEX (1969)

O Ibex era um power trio formado por: Mike Bersin na guitarra, John "Tupp" Taylor no baixo e Mike "Miffer" Smith na bateria. Algumas vezes também contavam com a participação de Geoff Higgins no baixo, para que John Taylor tocasse flauta.

Freddie conheceu a banda em uma festa de aniversário e, assim como posteriormente fez com o Smile, passou a acompanhar seus ensaios, sugerindo e introduzindo novidades à banda, influenciando desde o repertório até o figurino. Essa participação fez com que Freddie fosse convidado a integrar o Ibex.

MASTERS

Os ensaios ocorriam no Imperial College (onde coincidentemente os futuros parceiros Brian May e Roger Taylor também ensaiavam com seu grupo, o Smile), durante toda a primavera de 1969. O repertório era calcado em canções *covers* de The Beatles, Yes, Led Zeppelin, Jimi Hendrix, entre outros. A banda fez sete apresentações em toda a Inglaterra, incluindo uma antológica no The Sink, em Liverpool, quando ninguém menos do que Brian May e Roger Taylor se juntaram ao Ibex no palco, para tocar algumas canções sem imaginar, entretanto, que anos mais tarde estariam juntos.

Após essas apresentações, "Miffer" Smith resolveu deixar o grupo para trabalhar longe da música. Diante da nova situação, resolveram recrutar Richard Thompson, amigo de Mike Bersin. Vale ressaltar que Thompson foi um dos fundadores do 1984, primeiro grupo de Brian May. Por insistência de Freddie, a banda mudou de nome e passou a se chamar Wreckage.

WRECKAGE (1969)

Freddie nunca gostou do nome Ibex e quando a banda mudou sua formação achou a oportunidade ideal para sugerir também a mudança de nome do grupo. Em sua opinião, o nome deveria ter um apelo mais forte, capaz de chamar ainda mais a atenção. A partir daí surgia o Wreckage ("Destroços"). Naquele momento, Freddie começou a questionar e a introduzir mudanças na parte visual do grupo, investindo na ideia de que cada apresentação deveria ficar marcada como um verdadeiro espetáculo, distanciando-se de serem somente mais uma banda que tocava nos inúmeros *pubs* britânicos. Esta postura de Freddie acabava causando certo desconforto à banda. Neste período, ele começou a compor algumas canções, como "Liar" (na época se chamava "Lover"), com Mike Bersin; "Jesus" e "Stone Cold Crazy", que seriam futuramente lançadas pelo Queen; além de algumas outras desconhecidas, como "Cancer on My Mind" e "Vagabound Outcast".

O Wreckage fez dez shows ao todo, entre outubro e novembro de 1969. Em uma dessas apresentações no Wade Deacon Grammar School, a quebra do pedestal do microfone de Freddie o obrigou a improvisar e a cantar com a haste do microfone nas mãos. Foi inegável: o músico conseguiu contornar o incidente de forma criativa, por conta da falta de recursos financeiros e técnicos. A nova maneira de cantar, que nascera sem querer, ficaria marcada em seu futuro no pop. Com mais liberdade no palco, Mercury criaria espetáculos cada vez mais performáticos, dando-lhe total liberdade para ousar.

Ao término da temporada, o grupo se sentia desintegrado como banda, o que acabou provocando seu encerramento. Freddie passou a trabalhar como design gráfico. Mesmo assim, o artista não desistiu, já que sempre estava à espera de uma oportunidade em alguma banda londrina promissora. E ela iria chegar.

SOUR MILK SEA (1970)

Abreviando sua busca por uma nova oportunidade, Freddie resolveu fazer testes em algumas bandas inglesas tentando encontrar alguma que se aproximasse daquilo que, no seu entendimento, deveria ser um "grupo de rock". Um desses testes foi para uma banda chamada Sour Milk Sea, que já tocava no circuito de *pubs* ingleses e estava à procura de um vocalista. Como forma de disfarçar o nervosismo e ao mesmo tempo impor ao grupo um certo respeito, Freddie pediu a Roger Taylor (que tocava no Smile e era seu sócio em uma loja de roupas em Kesington) para que o levasse de carro ao local. Roger chegou carregando uma série de roupas caríssimas e o *roadie* do Smile, John Harris, que futuramente trabalharia durante muito tempo com o Queen, trazia o microfone de Freddie em uma luxuosa caixa de madeira. A princípio, Freddie não seria o escolhido, porém o impacto provocado por seus apetrechos fez com que os membros da banda mudassem de ideia e o aceitassem.

A permanência de Freddie no Sour Milk Sea se resume na participação em muitos ensaios, mas somente em três apresentações ao vivo.

Uma vez mais ele tentava mudar o rumo do grupo, que queria permanecer como uma banda de "heavy blues". O conflito surgiu porque Freddie queria dar um direcionamento mais voltado ao glam rock – estilo emergente na época. Paralelamente a isso, Freddie ainda se recusou a dar algumas composições suas para a banda gravar, resultando em sua saída. Mesmo assim, ele já tinha algo bastante promissor em vista, uma banda formada por alguns velhos amigos, mas que estava se desfazendo: era o Smile, de Brian May, Roger Taylor e Tim Staffel, com este último desejando dar um novo sentido para sua vida, decidindo pela saída do grupo.

BRIAN MAY

1984 (1964-1968)

Após a apresentação de sugestões de nomes como Bod Chappie and The Beetles e The Mind Boogles, o nome escolhido pelo grupo foi 1984, inspirado por uma paixão na vida de Brian May, o livro *1984*, de George Orwell.

Inicialmente a banda tinha a intenção de escrever uma ópera rock baseada no livro – que já era um *best-seller*, sendo formada por Dave Dilloway, John Garnham, John Sanger, Brian May, Tim Staffel e Richard Thompson.

Após construir sua lendária guitarra, a Red Special, junto com seu pai, Brian May necessitava de um amplificador e de entrar em uma banda para tocá-la. Em relação ao amplificador, Brian se inspirou no irlandês Rory Galagher, juntou uma grana e comprou um VOX AC 30.

Para resolver o problema de ter algum lugar para tocar, Brian May se juntou a alguns amigos do Imperial College, formando o 1984. Além do *cast* citado anteriormente, a banda ainda possuía Bill Richards na guitarra e vocal, porém Bill saiu rapidamente por sentir-se intimidado em função da guitarra de Brian ser bem melhor que a dele (não se sabe qual guitarra ele tinha na época). Após alguns meses ensaiando um repertório calcado em clássicos do rock e algumas poucas composições próprias, a banda fez sua estreia em 28 de outubro de 1964, no St. Mary's Church Hall, recebendo apenas 10 libras esterlinas. Já em 1967, o 1984 começou sua rotina de gravações em alguns estúdios londrinos, sendo a primeira no Broom Lane Studios, onde, graças às amizades de Dave Dilloway, gravaram algumas *covers* e apenas uma canção própria: "Step on Me", composta por Brian e Tim Staffel, com o último nos vocais. A segunda sessão ocorreu ainda em 1967, porém com a participação somente de Brian, pois Bill Richards havia deixado o 1984 e formado o Left Hand Marriage, que após sua entrada resolveu gravar nos estúdios Abbey Road. Brian May então foi convidado a participar de algumas gravações e por muito pouco não se encontrou com os Beatles. Por azar, eles haviam gravado o *single* "All You Need Is Love", naquele mesmo estúdio, só que dois dias antes das sessões que contaram com Brian na guitarra.

O inusitado momento de glória para a banda aconteceria mesmo em dezembro de 1967, após uma participação honrosa no Battle of Bands, uma espécie de festival londrino de novas bandas. O 1984, por sorte, foi convidado a tocar num grande evento do *underground* britânico daquela época, o Christmas on Earth. Neste evento, no dia 23 de dezembro, tocaram jovens promessas do *underground* britânico, como Pink Floyd, T Rex e Jimi Hendrix. Brian conta, inclusive, que cruzou com Hendrix e ele lhe perguntou: "Which way to the stage, man?" ("Para que lado fica o palco, cara?").

No início do ano seguinte, em 1968, Brian se viu bastante compromissado com os estudos no Imperial College, decidindo por deixar a banda, que ainda continuou por um curto período, com Tim Staffel assumindo a função de guitarrista também.

SMILE (1968-1970)

Pouco tempo após assumir as guitarras do 1984, Tim Staffel resolveu seguir os passos de May e deixar o grupo. Sua intenção agora era conversar com o velho amigo Brian e montar uma nova banda. Brian aceitou o convite, mas fez duas sugestões: teriam de usar canções próprias ao invés de *covers* e trabalhar como trio. Afinal, Brian tocava guitarra, Tim ficava no baixo e os dois cantavam. Diante disso, só tinham necessidade de um baterista. A ideia foi inspirada num power trio que fazia muito sucesso na época: o Cream. Em seguida, Brian e Tim foram até Shepherd's Bush para fazer um teste com um baterista de nome Roger Taylor, que era estudante de biologia no London Hospital Medical School e tinha visto um anúncio no mural do London Imperial College. Para o teste, nada de bateria e guitarras. Como Roger estava sem bateria no momento, trataram de improvisar um set acústico, com Brian e Tim ao violão e Roger nos bongôs. Não demorou muito para Brian e Tim convocarem Roger para tocar com eles. Brian ficou impressionado e relembra: "Ele era o melhor baterista que eu já tinha visto tocar." Após algumas horas discutindo nomes para a banda, chegaram a um acordo. Assim, nascia o Smile.

Brian tinha uma ótima relação com a direção do Imperial College, provavelmente pelas altas notas que obtinha, e com isso conseguiu, além de várias apresentações no auditório da faculdade, o direito de ensaiar dentro do Imperial College. Os ensaios e apresentações do Smile contavam sempre com a presença de Pete Edmund (amigo de faculdade de Brian) e John Harris, que se revezavam entre *roadie* e controlador da mesa de som. Algumas vezes, John assumia os teclados e Freddie Bulsara – que havia conhecido

Tim no colégio de artes – era presença marcante nas atividades do Smile.

Ainda em 1968 a banda enviou uma fita demo à recém-inaugurada Apple Records (criada e administrada pelos Beatles). Porém, o único retorno que receberam era de que Paul McCartney havia gostado bastante da logo da banda. Em fevereiro de 1969, surgiu uma grande oportunidade: junto com Joe Cocker, a banda Free (cujo vocalista era Paul Rodgers) e outras bandas, o Smile tocaria no Royal Albert Hall, um dos mais respeitados e tradicionais teatros londrinos, num evento beneficente. O repertório incluiu "If I Were a Carpenter", "Mony Mony", além de duas composições próprias, "Earth", composta por Tim, e "See What Fool I've Been" assinada por Brian.

Após uma apresentação no Revolution Club, em Londres, Lou Reizner, executivo da Mercury Records, convidou a banda para assinar um contrato para a gravação de algumas canções, e o mesmo seria renovado mediante o sucesso conquistado. Sem pensar duas vezes – contrato assinado! Em setembro, a banda inicia sua rotina de gravações. Primeiramente no De Lane Lea (local das primeiras gravações do Queen, poucos anos depois), eles gravaram o *single* "Earth" e "Step on Me". Pouco tempo depois seria a vez de o Trident abrigar a banda para a gravação da canção "Doing All Right". Posteriormente, mais três novas canções foram gravadas no De Lane Lea: "April Lady", "Blag" e "Polar Bear", com sessões produzidas por Fritz Flyer (guitarrista da banda pop Four Pennies, dos anos 60).

Lançado somente nos EUA, o *single* fracassou, não vendendo praticamente nada, o que acabou fazendo com que o contrato não fosse renovado com a gravadora. Essa estratégia da Mercury havia sido adotada pela EMI, com absoluto sucesso no *single* "Hush", do Deep Purple, no mesmo ano.

Após isso, graças à amizade de May com Terry Yeadon, que trabalhava no Pye's Studio, a banda regravou "Polar Bear" e "Step on Me", em uma mesa Ampex de quatro canais, gravando separadamente as faixas básicas, seguidas pelos vocais e *overdubs* – algo praticamente inédito ao menos para eles, naquele momento. Contudo, até os dias atuais, não se sabe ao certo o destino dessas gravações.

No início de 1970, Brian se ausentou por alguns meses da banda para viajar a Tenerife (Espanha) e dedicar-se aos seus estudos de astronomia. Sua ausência causou grande descontentamento em Tim Staffel, que resolveu sair do Smile. Em sua volta, Brian juntou-se a Roger para criar uma nova banda, chamando Freddie Bulsara para completar o grupo, pois devido a sua constante participação nas atividades do Smile, já era considerado, praticamente, um membro.

ROGER TAYLOR

JOHNNY QUALE AND THE REACTION (1965-1968)

Após ganhar um ukulele de presente quando criança, e mais tarde uma bateria, o jovem Roger Taylor criou uma banda chamada The Cousin Jacks, no Truro College. O grupo era um power trio formado por Roger, Mike Dudley e David Dowding. Após muitos ensaios, Roger recebeu um convite inesperado: integrar uma promissora banda, a Johnny Quale and the Reaction, de Cornwall, cidade em que vivia. Johnny Quale, que se chamava John Grose, era uma espécie de imitador de Elvis Presley daquela cidade, com sua banda sendo formada por Jim Craven, Mike Grose, Graham Hankins, John Snell e, agora, um tal de Roger "Splodge" Taylor.

A estreia de Roger ocorreu num festival de bandas, no Truro's City Hall, do qual participaram 15 grupos, com o Johnny Quale obtendo o quarto lugar.

Devido à obsessão de Johnny por Elvis, a banda passou a atuar com dois nomes: Johnny Quale and the Reaction, que fazia *cover* de Elvis Presley, e, também, The Reaction, com os demais membros se revezando nos vocais.

Em outubro de 1965 a banda conseguiu o direito a algumas gravações no Sound Studios, em Wadebridge e, assim como nos shows, dois sets e dois nomes para a mesma banda. Ao final do trabalho, seis canções foram gravadas, dentre as quais "I Got You (I Feel Good)", com Roger nos vocais.

Após ter faltado a uma apresentação para assistir a estreia de um filme de Elvis no cinema, a banda decidiu por despedir seu líder Johnny Quale, passando a se chamar somente The Reaction.

Sem Johnny, resolveram procurar um novo vocalista, mesmo com Roger desempenhando muito bem essa função. Contudo, ele ainda apresentava dificuldades em cantar e tocar bateria simultaneamente. Diante disso, o escolhido para ocupar o posto é um xará de Taylor – Roger Brokenshaw. Após inúmeros shows ao longo de toda Cornwall, um acidente marcaria o destino de Roger na banda. Poucos dias após receber sua licença de motorista, Roger guiava a van da banda com todos os seus integrantes, alguns inclusive acompanhados de suas respectivas namoradas, quando, em função de um denso nevoeiro, perde o controle do carro, que se choca várias vezes. O acidente provocou ferimentos em quase todos, sendo o de maior gravidade e proporções com o *roadie* da banda, Peter Gill-Carey. Encontrado desacordado após o choque, Peter viria a desenvolver como sequela uma paralisia no braço direito. Roger saiu realmente traumatizado do acidente e resolvido a abandonar tanto a banda como a música. Ele só voltaria a tocar novamente um ano depois, quando passou a integrar o Smile.

JOHN DEACON

THE OPPOSITION (1965-1969)

Formada na Beuchamp Grammar School, em 1965, a banda The Opposition tocava *covers* das bandas pop dos anos 60, tais como Beatles, Herman's Hermit e Peter and Gordon. Na sua formação estava o melhor amigo de John Deacon, Nigel Bullen, além de Clive Castledine, Richard Young e o próprio Deacon, que naquele momento desempenhava uma função muito diferente daquela que o mundo iria conhecer como baixista do Queen, alguns anos depois. Aqui, John era um astuto guitarrista e Clive era quem tocava baixo. Após diversas apresentações nos principais clubes na região Leicester (1965 a 1969), inúmeras mudanças de membros e de nomes (a banda foi chamada de The New Opposition e The Art), John resolve abandonar o grupo, dedicando-se exclusivamente aos estudos de eletrônica.

Em 1970, John pediu à mãe um baixo e um amplificador de presente. O baixo era um Rickenbacker, em homenagem a Chris Squire, do Yes, que John curtia bastante, já o amplificador, um Orange, popularizado por Jimmy Page, do Led Zeppelin. Com o adorado baixo em suas mãos, John participaria de inúmeras *jams* com seus amigos de colégio, porém nada ainda muito sério. Tudo mudou no momento em que resolveu participar de um teste com uma banda que estava se formando aos poucos: o Queen.

QUEEN: OS PRIMÓRDIOS

Após a saída de Tim Staffel do Smile, Roger Taylor e Brian May resolveram trazer para a banda Freddie Bulsara, presença constante nos ensaios do Smile. Sobre o caso, Brian falou: "Freddie tinha muitas ideias, muito entusiasmo e os grupos dele eram iguais aos nossos, pois também não tinham dado certo." Após a entrada de Freddie, os três se reuniram para delinear quais seriam os caminhos a seguir. Depois de muito tempo só apresentando *covers* e com alguma experiência de gravação em estúdio, os músicos resolveram que deveriam focar na composição de canções, tentando a sorte em alguma gravadora. Só que ainda faltava um nome para essa futura banda. Nem Brian e nem Roger queriam mais utilizar o Smile como marca. Então, Roger sugeriu The Rich Kids ("Os Garotos Ricos" – talvez, de uma forma, já prevendo o futuro). Brian sugeriu Great Dance e Freddie, insistentemente: Queen.

Brian e Roger não gostaram do nome logo de cara, mas Freddie venceu pelo cansaço e os dois aceitaram a sugestão. Freddie justificou: "É apenas um nome, mas soa esplêndido. É forte, universal e imediato, tem apelo visual e abre inúmeras interpretações. Sim, nós sabemos da conotação gay, porém isso é só uma faceta."

Freddie podia tocar piano e cantar muito bem, mas não tocava baixo. Assim, surgiu a necessidade de encontrar um músico "do ramo" para completar a formação. O nome de Tim estava descartado, assim Roger lembrou de seu companheiro dos tempos de Reaction, Mike Grose. Mike ainda resolveria todos os problemas da banda, pois além de tocar baixo tinha um bom equipamento e uma van na qual a banda poderia transportar todo seu aparato.

Os ensaios se iniciaram no London Imperial College. Para o repertório, Freddie trouxe "Liar", composta em parceria com Mike Bersin, além de "Stone Cold Crazy", dos tempos de Wreckage (posteriormente gravada no terceiro disco da banda). Já Brian trouxe "Son and Daughter", além de "Hangman" – faixa que surgiu numa *jam session*.

A estreia do Queen ocorreu quando a mãe de Roger Taylor, personalidade influente na cidade de Truro, em Cornwall, acertou a apresentação do Smile num evento chamado Red Cross Charity. Ela soube, entretanto, da dissolução do Smile e ficou decepcionadíssima ao ser informada que em seu lugar viria tocar "um tal de Queen". Esta apresentação ocorreu em 27 de junho de 1970, tendo "Stone Cold Crazy" como música de abertura.

Quando tudo parecia ir bem, Mike Grose resolve abandonar a banda, voltar para Cornwall e conseguir um emprego melhor. A solução foi con-

MASTERS

vidar Barry Mitchell, apresentado ao grupo por um amigo de Roger. Barry ficou pouco tempo, pois se sentia meio deslocado em relação aos outros músicos, ficando sempre alheio às decisões. Com isso, em janeiro de 1971, ele já não fazia mais parte do time.

Dilema: mais uma vez a banda tinha que escolher um baixista. Doug Fogie foi o indicado de John Harris, ficando somente por alguns ensaios. Era um ótimo baixista, mas trabalhava numa produtora de filmes, fazia faculdade e sentia que seria impossível conciliar todas as atividades. Mediante tantos insucessos, resolveram testar inúmeros baixistas, até encontrar um que se encaixasse perfeitamente às necessidades do grupo. Numa dessas audições apareceu um rapaz do bairro Chelsea, com influências de Motown e Yes. Seu nome era John Deacon, que ficara sabendo da banda através de alguns amigos. Como estava querendo voltar a tocar, agora como baixista, resolveu fazer um teste. E foi aprovado de imediato. Desta feita, em fevereiro de 1971 a banda apresentava sua formação definitiva: Brian May, Roger Taylor, Freddie Bulsara e John Deacon. Com a "nova escalação", o Queen resolveu dedicar todo seu tempo aos ensaios, a pequenas apresentações e a compor um material inédito – sempre à espera de uma boa oportunidade para gravar. Elas não seriam poucas. O reinado estava só para começar.

MASTERS

SEGUNDA PARTE

OS ÁLBUNS

QUEEN

OS ÁLBUNS

CAPÍTULO 1
Queen

Produzido por Roy Thomas Baker e John Anthony, e gravado nos estúdios Trident e De Lane Lea, o álbum de estreia do Queen nasceu com fortes influências do rock progressivo e, de uma forma ainda mais contundente, de um gênero cada vez mais popular: o heavy metal.

Na parte "lírica" o LP *Queen* foi concebido de forma prolífica, com temas diversos como a religião ("Jesus"), fábulas britânicas ("My Fairy King") e pastiches do próprio rock ("Modern Times Rock 'n' Roll").

A concepção do disco envolveu múltiplas nuances na escolha de seu repertório final. Além de apresentar pela primeira vez ao mundo uma gama de composições fortes e marcantes do grupo – principalmente assinadas por Freddie Mercury e Brian May – o LP trouxe ainda algumas peculiaridades, como o trailer instrumental de "Seven Seas of Rhye", que viria a

MASTERS

aparecer na íntegra, com letra completa e arranjo diferente em *Queen II*, seu imediato sucessor.

De uma forma bem-humorada e inteligente, a banda decidiu imprimir na capa um alerta para seus fãs, informando que o som gravado no vinil era 100% executado por humanos: "'No synthesizers'" ("sem sintetizadores!"). Por conta de um comentário malicioso feito pela imprensa que acusava o Queen de utilizar recursos eletrônicos para simular os instrumentos básicos, a mensagem seria anexada à capa de todos os álbuns da banda até seu quinto lançamento, *A Day at the Races*.

Como a maioria dos grupos que fizeram história no rock, o Queen ganhou doses de experiência e tarimba em cima dos apertados palcos dos clubes noturnos, em Londres, o que deu a seus integrantes a maturidade necessária para entrar no estúdio e gravar suas canções. A primeira chance ocorreu em 1972, quando a banda foi convidada para testar as novas instalações do De Lane Lea – local utilizado, inclusive, inúmeras vezes, para as gravações do The Who. Naquela oportunidade foi gravada uma fita demo contendo cinco faixas originais: "Keep Yourself Alive", "The Night Comes Down", "Great King Rat", "Jesus" e "Liar". A qualidade das canções era bastante aceitável para um novo grupo, mas somente a Chrysalis Records (gravadora do Jethro Tull) se mostrou interessada em oferecer um contrato de gravação. Com isso, o Queen aproveitou a oferta inicial da Chrysalis para barganhar com outras gravadoras de maior porte.

Ainda em 1972, Norman e Barry Shefield, executivos donos dos estúdios Trident, resolveram contratar a banda, graças à influência de Roy Thomas Baker, que visitara o De Lane Lea no mesmo momento em que o Queen gravava sua demo de estreia. Diante disso, o grupo ganhou a oportunidade de gravar um álbum no Trident, desde que fora do horário de maior movimento do estúdio, ou para ser mais exato, no ingrato período compreendido entre 3 e 7 horas da manhã. Enquanto gravavam, Freddie foi convidado pelo produtor Robin Cable, que à época trabalhava no Trident, para colocar a voz em duas *covers*: "Goin' Back" (Carole King) e "I Can Hear Music" (Beach Boys), arranjando as canções no melhor estilo "Wall of Sound", de Phil Spector. Freddie, por sua vez, solicitou o apoio de Brian May e Roger Taylor para a empreitada.

As canções foram lançadas sob o pseudônimo de Larry Lurex, uma bem-humorada paródia a Gary Glitter. A banda ainda iria convocar Robin

Cable para participar da gravação de duas canções em seu próximo álbum: "Nevermore" e "Funny How Love Is".

Após um longo hiato, entre junho e novembro de 1972, a banda retomou os trabalhos lentamente, gravando uma faixa de cada vez para seu *début* fonográfico. A ideia inicial era utilizar as canções gravadas na demo no De Lane Lea, porém, por pressão dos produtores Roy Thomas Baker e John Anthony, o Queen seria forçado a regravar tudo no Trident. Contudo, houve uma única faixa reaproveitada "The Night Comes Down".

De fato, a banda não gostava muito da sonoridade do Trident, sendo Roger o maior crítico, afirmando que o som de sua bateria ficava abafado, não permitindo uma distinção perfeita da sonoridade das peças do seu *kit*. Isso provavelmente ocorria em função de a bateria ser praticamente toda "enclausurada" em fitas, a fim de que os microfones pudessem captar o seu som, sem qualquer tipo de "vazamento" de som ambiente.

Prova disso é que ao ouvirmos "The Night Comes Down" gravada no De Lane Lea, percebe-se a diferença do som da bateria, que era a principal queixa de Roger.

A primeira faixa a ser retrabalhada foi "Keep Yourself Alive". *Takes* e mais *takes* depois, chegaram finalmente a um denominador comum com a entrada em cena do engenheiro de som Mike Stone. Com tantas experiências, Brian May apelidaria a canção de "Long Lost Retake" ("A Mais Longa Regravação Perdida").

Outra faixa problemática dessas sessões foi "Mad the Swine", que acabou fora do álbum e seria conhecida oficialmente pelo público em 1991, como lado B do compacto "Headlong" e, anos mais tarde, como faixa bônus do CD *Queen*, da série *Hollywood Remasters*. O problema foi a divergência entre banda e Roy Thomas Baker, pois o produtor achava que não seria oportuno outro tema que falasse sobre religião, assim como já havia ocorrido com "Jesus".

Durante as sessões de *Queen* foram gravadas outras canções que acabaram fora do álbum: "Silver Salmon" e "Polar Bear" (composições da era em que o Queen ainda era o Smile), além de "Rock and Roll Medley" – que a banda tocava ao vivo na época. "Hangman" – uma música que eles tocavam diversas vezes ao vivo nos primórdios, mas que foi esquecida por anos – veio à tona recentemente, após ser descoberta em acetatos que estavam em posse de colecionadores, apesar de a banda sempre negar que estes acetatos existissem.

Para a arte da capa a banda utilizou magistralmente uma foto extraída de um show deles, no Marquee, em Londres, no dia 20 de dezembro de 1972. Vale ressaltar que a ideia foi de Freddie.

No encarte, curiosamente, John Deacon aparecia como Deacon John. Segundo Brian May, esta era a maneira como John era chamado no início da banda. No segundo álbum, entretanto, John resolveu inverter a ordem, utilizando o nome que o consagraria. Nesse mesmo encarte apareceriam também diversas fotos tiradas pelo fotógrafo Doug Fogie que, como citado anteriormente, havia sido o baixista da banda antes de John.

Embora o álbum tenha sido totalmente gravado e mixado até novembro de 1972, o estúdio Trident passou oito meses em busca de algum selo para lançá-lo. Sem obter sucesso, acabou lançando de forma independente. Nesse meio tempo, o Queen preparou material suficiente para o seu próximo álbum, além de organizar duas sessões para a BBC, onde surgiria uma nova música: "Ogre Battle", incluída em *Queen II*.

Já o compacto "Keep Yourself Alive" (versão definitiva, mixada por Mike Stone) foi lançado no Reino Unido uma semana antes do lançamento do LP, acompanhado pelo lado B "Son and Daugther", e atingindo o 14º lugar nas paradas. Nos EUA, a faixa foi editada e passou de 3:40 para 3:30 de duração.

QUEEN – FAIXA A FAIXA

KEEP YOURSELF ALIVE

autoria: Brian May
arranjos: Brian May
produção: Queen, John Anthony e Roy Thomas Baker
engenharia e mixagem: Mike Stone
gravada em: Trident – 1972

Composta por May quando o baixista do Queen ainda era Barry Mitchell (o segundo, após a banda adotar o Queen como nome definitivo), "Keep Yourself Alive" foi regravada inúmeras vezes até chegar a um padrão que agradasse a todos, com o toque definitivo do engenheiro Mike Stone – responsável por sua mixagem. A primeira versão, gravada em 1971 no De

Lane Lea, trazia uma introdução acústica gravada no violão Hairfred, de Brian May. Outra curiosidade sobre o arranjo instrumental: sete linhas de guitarra foram sobrepostas nas gravações, usando a Red Special, tocada por May, além de um pedal phaser aplicado à guitarra principal. Há também uma breve participação vocal de Brian no trecho "two steps nearer to my grave" ("a dois passos mais perto da minha cova").

Freddie Mercury costumava dizer que "Keep Yourself Alive" era uma boa demonstração de como era o Queen nos primórdios. Após seu lançamento, como *single*, um rumor espalhado pela imprensa acusava a banda de usar sintetizadores durante as gravações. A notícia não agradou nem um pouco os músicos que, para rebater os críticos, deixaram bem claro na capa do disco seu repúdio ao instrumento, garantindo que "não usavam sintetizadores".

Freddie Mercury: Vocal, vocais de apoio e pandeiro
Brian May: Guitarra Red Special e vocais de apoio
John Deacon: Baixo Fender Precision
Roger Taylor: Bateria Ludwig e vocais de apoio

DOING ALL RIGHT

autoria: Brian May e Tim Staffel
arranjos: Queen
produção: Queen, Roy Thomas Baker e John Anthony
engenharia e mixagem: Roy Thomas Baker, Mike Stone,
Ted Sharpe e David Hentschel
gravada em: Trident – 1972

"Doing All Right" (ou "Doin' All Right" / "Doin' Alright") foi composta por Brian May e Tim Staffel (no período em que ainda era baixista do Smile). A música é um dos melhores exemplos do termo "throwaway", aplicado sempre às canções compostas e gravadas exclusivamente para preencher o espaço vago no repertório de um álbum.

Esta incursão foi benéfica a Tim Staffel, que após o estouro do Queen, recebeu inúmeros royalties pela faixa.

"Doing All Right" apresenta muitas variações de estilo em sua execução, indo de balada ao rock pesado e até bossa nova. Nesta gravação, Brian usa o seu violão Hairfred, além de tocar guitarra e piano. Para se aproximar da versão original, Freddie procurou "imitar" o timbre vocal de Tim Staffel, obtendo um ótimo resultado final. Já na versão gravada para a rádio BBC, Roger faz os vocais no último verso.

Na gravação original da banda Smile, o violão era o instrumento principal, em vez do piano.

Freddie Mercury: Vocal e vocal de apoio

Brian May: Guitarra Red Special, piano Bechstein, violão Hairfred / Martin D18 e vocais de apoio

John Deacon: Baixo Fender Precision

Roger Taylor: Bateria Ludwig e vocais de apoio

GREAT KING RAT

autoria: Freddie Mercury
arranjos: Queen
produção: Queen, Roy Thomas Baker e John Anthony
engenharia e mixagem: Roy Thomas Baker, Mike Stone,
Ted Sharpe e David Hentschel
gravada em: Trident – 1972

Canção de autoria de Freddie Mercury e uma das primeiras que ele escreveu para o Queen. A faixa traz quase todos os elementos da banda no princípio da carreira: som bem pesado, *riffs* variados e longos solos de guitarra. A letra de "Great King Rat" tem uma temática forte: ela fala sobre o julgamento das atitudes das pessoas e pode ser vista como um embrião para o *opus* "Bohemian Rhapsody", de *A Night at the Opera*.

Nesta faixa, Brian gravou basicamente três guitarras e um violão, sendo que em uma delas usou um pedal wah-wah, cuja principal característica é transportar as notas dos graves para os agudos. Este mesmo pedal foi difundido e utilizado dezenas de vezes por Jimi Hendrix – ídolo maior de Brian May. Alguns trechos da música remetem ao flamenco espanhol, que seria trabalhado com mais sofisticação no LP *Innuendo* (1991).

Freddie Mercury: Vocal e vocais de apoio

Brian May: Guitarra Red Special, violão Hairfred / Martin D18 e vocais de apoio

John Deacon: Baixo Fender Precision

Roger Taylor: Bateria Ludwig e vocais de apoio

MY FAIRY KING

autoria: Freddie Mercury
arranjos: Queen
produção: Queen, John Anthony
e Roy Thomas Baker
engenharia e mixagem: Roy Thomas Baker, Mike Stone,
Ted Sharpe e David Hentschel
gravada em: Trident – 1972

Na letra de "My Fairy King" somos apresentados pela primeira vez ao mundo fictício de Rhye, idealizado por Freddie Mercury e presente em outras faixas do Queen, como "Seven Seas of Rhye" e "Lily of the Valley". A música também tem como destaque a estreia de Freddie Mercury no piano, tocando o instrumento com grande habilidade. "My Fairy King" revela outros detalhes importantes na mitologia da banda. Em um trecho da letra, conhecemos a origem do sobrenome Mercury, adotado a partir de *Queen* por Freddie, que até então assinava como Bulsara (seu nome de família): "Mother Mercury, look what they've done to me" ("Mãe Mercúrio, olhe só o que eles fizeram comigo"). Outra curiosidade em "My Fairy King" é o uso de alguns versos do poema "The Pied Piper of Hamelin", de Robert Browning, que aparecem na letra em "And their dogs outran our fallow deers and honey-bees had lost their stings / And horses were born with eagles wings" ("E seus cães superaram nossos cervos e as abelhas perderam seus ferrões / E os cavalos nasceram com asas de águia").

"My Fairy King" é uma faixa composta basicamente dentro do estúdio Trident, em Londres, e conta com muitos *overdubs* vocais – uma característica adotada pela banda em quase todas as suas canções durante a carreira. Brian May comenta: "Foi a primeira vez que assisti a Freddie trabalhar em sua total capacidade: gravando muitos *overdubs* de seus vocais e caprichando nas frases de piano."

Freddie Mercury: Vocais, piano Bechstein e vocais de apoio
Brian May: Guitarra Red Special
John Deacon: Baixo Fender Precision
Roger Taylor: Bateria Ludwig e vocais de apoio

LIAR

autoria: Freddie Mercury
arranjos: Queen
produção: Queen, John Anthony e Roy Thomas Baker
engenharia e mixagem: Roy Thomas Baker, Mike Stone,
Ted Sharpe e David Hentschel
gravada em: Trident – 1972

Mais uma faixa de *Queen* de autoria de Freddie, composta por ele quando ainda usava o sobrenome de seu pai, Bulsara. A canção anteriormente chamada "Lover" foi composta ao violão, em 1970, quando Mercury ainda estava no Wreckage e foi considerada uma das "mães" da mini-ópera "Bohemian Rhapsody".

Não se sabe ao certo se, na versão gravada em estúdio, John Deacon participou dos vocais de apoio do trecho "All day long" ("O dia inteiro"), mas essa hipótese é levantada por conta das performances ao vivo onde o baixista aparece dividindo o microfone com Freddie Mercury. Como curiosidade, esta é uma das poucas músicas do Queen onde um órgão Hammond (peculiar nos anos 60) aparece nos arranjos.

Freddie Mercury: Vocais, piano Bechstein, vocais de apoio e órgão Hammond

Brian May: Guitarra Red Special e vocais de apoio

John Deacon: Baixo Fender Precision

Roger Taylor: Bateria Ludwig e vocais de apoio

THE NIGHT COMES DOWN

autoria: Brian May | arranjos: Brian May
produção: Queen, John Anthony e Roy Thomas Baker
engenharia e mixagem: Roy Thomas Baker, Mike Stone,
Ted Sharpe e David Hentschel
gravada em: De Lane Lea – 1972

Composta por May, essa é a única canção do álbum em que o grupo já conta com o baixista John Deacon durante o processo criativo. A temática de "The Night Comes Down" segue o estilo tradicional composicional do guitarrista: versos nostálgicos, preenchidos por imagens de seus tempos de criança, além das dificuldades a serem encaradas no mundo adulto. Outras músicas de sua autoria que trazem temas semelhantes incluem: "Some Day One Day", "All Dead All Dead" e "Leaving Home Ain't Easy".

Em "The Night Comes Down" existe uma citação à "Lucy in the Sky with Diamonds", dos Beatles – admitida abertamente por seu compositor. Ela aparece no verso: "When I was young and came to me / And I could see the sun breaking / Lucy was high and so was I" ("Quando eu era jovem, chegou até mim / E eu podia ver o sol surgindo / Lucy estava bem alta, assim como eu").

"The Night Comes Down" foi gravada durante as sessões de *Queen* no De Lane Lea onde a banda foi convidada a testar as novas instalações do estúdio. Enquanto trabalhavam em outras faixas no Trident, o produtor Roy Thomas Baker foi pressionado pelo grupo a aproveitar os *takes* das faixas produzidos no De Lane Lea. No final do processo, Brian May convenceu Baker a utilizar pelo menos "The Night Comes Down".

Apesar disso existe uma versão gravada no Trident também, que não foi aproveitada no disco.

Freddie Mercury: Vocal e vocais de apoio

Brian May: Guitarra Red Special, violão Hairfred / Martin D18 e vocais de apoio.

John Deacon: Baixo Rickenbaker

Roger Taylor: Bateria Ludwig e vocais de apoio

MODERN TIMES ROCK 'N' ROLL

autoria: Roger Taylor
arranjos: Roger Taylor
produção: Queen, John Anthony e Roy Thomas Baker
engenharia e mixagem: Roy Thomas Baker, Mike Stone,
Ted Sharpe e David Hentschel
gravada em: Trident – 1972

Escrita e interpretada pelo baterista Roger Taylor com uma pequena participação de John Anthony, "Modern Times Rock 'n' Roll" é uma das faixas mais pesadas do disco. Existem duas gravações da música feitas para a emissora de rádio BBC. A primeira delas, executada em dezembro de 1973, foi incluída no álbum *Queen at the Beeb*. A segunda versão, produzida em abril de 1974, nunca foi lançada oficialmente pelo Queen e tem Freddie Mercury como vocalista em alguns trechos.

Freddie Mercury: Vocais de apoio
Brian May: Guitarra Red Special e vocais de apoio
John Deacon: Baixo Fender Precision
Roger Taylor: Bateria Ludwig e vocais de apoio
John Anthony: Vocal

SON AND DAUGHTER

autoria: Brian May
arranjos: Brian May
produção: Queen, John Anthony e Roy Thomas Baker
engenharia e mixagem: Roy Thomas Baker, Mike Stone,
Ted Sharpe e David Hentschel
gravada em: Trident – 1972

Faixa composta por Brian May exclusivamente para o álbum, "Son and Daughter" acabou sendo a escolhida para o lado B do *single* "Keep Yourself Alive".

Talvez por conta da grande amizade entre Brian e Tomy Iommi, "Son and Daughter" é uma das canções do Queen com mais influências do som feito pelo Black Sabbath. Curiosamente, Brian May executava ao vivo, nesta faixa, um solo que serviria como base para "Brighton Rock" – faixa que abre *Sheer Heart Attack*, terceiro disco do grupo.

"Son and Daughter" também foi lançada no álbum *Queen at the Beeb*, como parte da terceira sessão de gravações da banda para a emissora britânica.

Freddie Mercury: Vocal e vocais de apoio
Brian May: Guitarra Red Special e vocais de apoio
John Deacon: Baixo Fender Precision
Roger Taylor: Bateria Ludwig e vocais de apoio

JESUS

autoria: Freddie Mercury
arranjos: Freddie Mercury
produção: Queen, John Anthony e Roy Thomas Baker
engenharia e mixagem: Roy Thomas Baker, Mike Stone,
Ted Sharpe e David Hentschel
gravada em: Trident – 1972

Freddie Mercury volta a aparecer como compositor principal, com uma letra que conta a história de Jesus Cristo – considerada o primeiro rock gospel do Queen. Curiosamente, Mercury não seguia uma religião cristã, sendo devoto do Zoroastrianismo – uma religião fundada na Pérsia, baseada nos ensinamentos do príncipe Zoroastro que viveu na região em 1000 a.C. O princípio do Zoroastrismo é a prática do bem, independente de qualquer outra circunstância. O Zoroastrianismo também é considerado uma das primeiras religiões monoteístas.

Freddie Mercury: Vocal e vocais de apoio

Brian May: Guitarras Red Special, violão Hairfred / Martin D18 e vocais de apoio.

John Deacon: Baixo Fender Precision

Roger Taylor: Bateria Ludwig e vocais de apoio

SEVEN SEAS OF RHYE

autoria: Freddie Mercury | arranjos: Freddie Mercury
produção: Queen, John Anthony e Roy Thomas Baker
engenharia e mixagem: Roy Thomas Baker, Mike Stone,
Ted Sharpe e David Hentschel
gravada em: Trident – 1972

Faixa instrumental, composta por Mercury, e um rascunho do que seria o *single* do próximo álbum. Acredita-se que a vinheta instrumental foi incluída em *Queen* somente por conta da banda não ter conseguido finalizar a música em tempo de incluí-la no disco.

Freddie Mercury: Piano Bechstein

Brian May: Guitarra Red Special

John Deacon: Baixo Fender Precision

Roger Taylor: Bateria Ludwig

NO BAÚ DE *QUEEN*

Músicas trabalhadas nas sessões, mas que ficaram de fora do álbum: "Polar Bear", "Silver Salmon", "Hangman", "Ogre Battle", "Rock and Roll Medley", "Mad the Swine" e "White Queen".

QUEEN

OS ÁLBUNS

CAPÍTULO 2
Queen II

Com o álbum de estreia finalmente gravado, produzido, mixado e prestes a ser embalado, o Queen já estava quase pronto para sair em turnê e promover o fruto de horas e horas de trabalho pelas arenas da Europa. Quase... Tudo parecia perfeito com exceção de um detalhe: em razão de inúmeros problemas de gerenciamento de seus negócios, o LP só pôde ser comercializado oito meses após a data planejada. E por um selo independente, o Trident, que, logo na sequência, venderia seus direitos à poderosa EMI, com a assinatura de um contrato milionário. Acordo este que perdurou até 2011 para os lançamentos do grupo em todo o planeta, com exceção dos Estados Unidos.

A "pausa forçada", é importante ressaltar, não foi totalmente desperdiçada. O hiato que antecedeu a comercialização de *Queen* foi produ-

MASTERS

tivo. Algumas músicas que vinham sendo compostas durante as sessões de gravação ganharam a chance de serem finalizadas. Nesse meio tempo, John Anthony, por imposição da banda, cederia seu lugar como produtor a Roy Thomas Baker, que dividiria suas ações no estúdio com o próprio grupo. Outro reforço para o time foi Mike Stone. O engenheiro ganharia espaço graças a seu talento atrás da mesa de som e ajudaria o grupo a polir algumas de suas melhores canções até o período de gravações do sexto disco, que, como os fãs da banda sabem melhor do que todos, viria a ser batizado como *News of the World*.

Com a equipe reformulada e novas composições prontas, o processo para finalização de *Queen II* já estava engatilhado. Assim, a banda pôde colocar em prática algo que já tinha em mente há tempos: registrar a versão completa da faixa "Seven Seas of Rhye", lançando-a como um *single*. Na época, os "problemas" com "Keep Yourself Alive", que podiam ser traduzidos como baixo sucesso comercial, guiaram o Queen no sentido de reformular o formato de suas canções para o rádio. Desta forma, a música escolhida não poderia ser muito longa, tendo um apelo mais pop.

Além das canções que comporiam o novo LP, o Queen se daria ao luxo de deixar de fora algumas pérolas como "See What a Fool I've Been" e "Brighton Rock" (que não havia sido finalizada ainda, mas acabaria no LP seguinte).

Queen II – embora seja apenas a segunda empreitada em vinil – já demonstra toda a capacidade da banda em compor arranjos complexos. Mais do que isso, o conteúdo lírico das letras também começava a despontar.

Um exemplo claro da sofisticação das composições é visível nas obras de Freddie Mercury, que sempre buscou subsídios em temáticas da arte e da mitologia para criar os versos de suas letras. Em "The Fairy Feller's Master Stroke", por exemplo, Mercury se inspirou em um quadro de Richard Dadd, renomado e tresloucado pintor da era Vitoriana, que além de ter assassinado seu pai, acreditava ser a encarnação da deusa egípcia Osíris.

Além do aspecto cultural, a concepção artística de *Queen II* também merece destaque. O LP foi dividido em "White Side" ("Lado Branco") e "Black Side" ("Lado Preto"). No "Branco" foram incluídas quatro canções assinadas por Brian May e uma por Roger Taylor. Já no "Preto", todas as faixas são de autoria de Freddie Mercury. O design da capa também reflete a ideia, com os membros do Queen vestidos de preto em fundo escuro e outra imagem no miolo do encarte, com trajes brancos em um cenário claro.

Em uma análise lúdica, o lado branco apresentaria letras mais românticas e emocionais, enquanto o preto seria identificado por um conteúdo mais obscuro e permeado por fantasias.

Para dar o toque final à produção do LP, o Queen ainda chamaria Robin Cable que havia trabalhado com Freddie Mercury nas faixas "I Can Hear Music" e "Going Back". Cable ficou encarregado de terminar "Funny How Love Is" e dar uma atmosfera à moda "Phil Spector" e sua "parede sonora" para a gravação, além de ajudá-los em "Nevermore", com mais um recurso de Phil Spector: o "piano ring".

Quando acabou de gravar o disco, em agosto de 1973, o Queen imediatamente adicionou "Ogre Battle", "Procession" e "Father to Son" às suas apresentações ao vivo, esperando promover o álbum imediatamente. Mas isso acabou não acontecendo, pois seu lançamento ocorreu somente em 8 de março de 1974. Antes disso, um *single* para aquecer os fãs chegou às lojas em fevereiro com as faixas "Seven Seas of Rhye" e "See What a Fool I've Been" – esta última, como lado B, não incluída no LP. Uma tese de sua exclusão do disco seria o temor de possíveis problemas com direitos autorais já que seus versos eram quase uma releitura da canção "That's How I

Fell", de Sonny Terry e Brownie McGhee, que Brian ouviu num programa de TV e teria ficado em seu subconsciente.

Exemplos das semelhanças entre as letras:

"That's How I Fell": "You don't believe, Don't believe I love you / Look what a fool I've been, / Oh, Lord, God knows what a fool I've been" ("Você não acredita, não acredita que eu te amo / Olhe que idiota eu tenho sido / Oh, Senhor, Deus sabe que idiota eu tenho sido").

"See What a Fool I've Been": "Well, she's gone, gone this morning / See what a fool I've been / Oh Lord, I said, what a fool I've been" (Bem, ela se foi, se foi nessa manhã / Veja que idiota eu tenho sido / Oh, Senhor, eu disse, que idiota eu tenho sido").

ARTE DO LP

Ainda na parte gráfica, o fotógrafo Mick Rock, amigo pessoal de Freddie Mercury e que havia começado a fotografar a banda em 1973, recebe os créditos (e os méritos) pela autoria da foto principal da capa de *Queen II*. Tratava-se realmente de uma imagem emblemática da banda, utilizada em diversas outras oportunidades para promover os lançamentos do Queen. Exemplos da reutilização da fotografia podem ser vistos nos videoclipes de "Bohemian Rhapsody" e "One Vision". A inspiração para a imagem, a propósito, também veio de diversas fontes, embora extraoficiais: uma foto de Marlene Dietrich, atriz alemã que se destacou por recusar-se a participar das propagandas nazistas, desafiando Adolf Hitler, e também da capa do LP *With the Beatles*, lançado em 1963.

Com tudo pronto nos bastidores, faltava ainda colocar o álbum no mercado. Mas não foi tarefa fácil. Assim como ocorrera em *Queen* inúmeros problemas atrasaram o lançamento do LP, entre eles a crise do petróleo, que fez o governo inglês tomar várias medidas para redução do consumo de energia, atrasando, desta forma, a manufatura do disco. Mas não foi apenas a crise do ouro negro que atrapalhou sua comercialização. Um erro gráfico no primeiro lote de prensagem resultaria no primeiro round do duelo entre o Queen e a Trident Productions. Era apenas o começo do fim que estaria por vir.

QUEEN II – FAIXA A FAIXA

PROCESSION

autoria: Brian May | arranjos: Brian May
produção: Queen e Roy Thomas Baker
engenharia e mixagem: Mike Stone
gravada em: Trident – 1973

Queen II começa em grande estilo, com uma faixa instrumental criada por Brian May. A ideia básica no processo de construção do arranjo foi alcançar uma base instrumental semelhante a de uma orquestra, mas usando apenas guitarras elétricas. Para atingir a dimensão sonora que May tinha imaginado, seis guitarras foram gravadas, tendo como estrutura básica a melodia de "Father to Son". Um efeito que contribuiu para o desenvolvimento da música foi obtido por meio de um amplificador fabricado especialmente pelo contrabaixista John Deacon para imitar o timbre de violinos – algo que o VOX AC 30 de Brian não conseguia atingir. Brian batizou-o como Deacy, em homenagem ao parceiro. Com o novo equipamento pronto, e o posicionamento especial dos microfones, estava criada a orquestra elétrica elaborada pelo guitarrista do Queen.

Segundo o próprio Brian May tratava-se de um amplificador de 1W de potência. O aparelho foi testado inicialmente em "Procession" e, posteriormente, utilizado em todas as canções nas quais Brian necessitava de um som mais orquestral.

Como curiosidade, "Procession" sempre era apresentada em *playback* na abertura dos shows da banda de 1973 a 1975 e ainda em alguns shows de 1977.

Brian May: Guitarras Red Special e amplificador Deacy
Roger Taylor: Bateria Ludwig

FATHER TO SON

autoria: Brian May | arranjos: Freddie Mercury e Brian May
produção: Roy Thomas Baker e Queen
engenharia e mixagem: Mike Stone | gravada em: Trident – 1973

Influenciada pelo som das bandas inglesas do The Who e Led

Zeppelin, mas com a sonoridade do Queen, "Father to Son" foi composta por Brian May. De forma explícita e intencional, a letra de "Father to Son" aborda as heranças passadas de pai para filho ou de um homem mais velho a seu herdeiro. Esse é um tema que seria repetido pelo próprio compositor em *A Night at the Opera*, com "Good Company". Era de conhecimento de todos na banda que Brian sempre teve um excelente relacionamento com seu pai, Harold May. Contudo, a relação havia sofrido seu primeiro revés no ano anterior, quando o guitarrista decidiu largar os estudos para se dedicar ao Queen e viver com a primeira mulher, Chris Mullen. Por conta disso, Brian deixou de falar com seu pai durante um ano inteiro. Outra curiosidade é o fato de "Father to Son" ter ficado marcada como a primeira aparição de John Deacon tocando violão em uma gravação do Queen.

A muito contragosto da banda, "Father to Son" não foi lançada como *single* porque a EMI achou a canção (com 6 minutos de duração) longa demais. Ainda assim, fez parte do repertório do Queen durante todo o ano de 1974.

Freddie Mercury: Vocal, piano Bechstein e vocais de apoio
Brian May: Guitarra Red Special, violão Martin D18 e vocais de apoio
John Deacon: Baixo Fender Precision e violão Martin D18
Roger Taylor: Bateria Ludwig e vocais de apoio
Roy Thomar Baker: Stylophone

WHITE QUEEN

autoria: Brian May
arranjos: Brian May
produção: Roy Thomas Baker e Queen
engenharia e mixagem: Mike Stone
gravada em: Trident – 1973

Canção assinada por Brian May que fala sobre um amor impossível vivido por ele em sua adolescência.

Ao contrário de alguns boatos espalhados por biógrafos da banda, "White Queen" nunca foi gravada pela banda Smile – a não ser uma versão bem primitiva da música, em fita demo caseira, bem diferente da versão que viria a ser registrada profissionalmente pelo Queen. Nesta faixa, Brian

45

MASTERS

toca um violão Hairfred modificado por ele, para que o instrumento soasse como um sitar. O mesmo efeito também seria usado anos mais tarde, na gravação de "Jealousy" do álbum *Jazz*.

Interessante notar o efeito de "harmônio" obtido pelas guitarras de May antes do solo. O truque foi obtido pelo uso de um pedal de volume – recurso que May voltaria a utilizar em algumas canções futuras do Queen.

Apresentada ao vivo pelo Queen de 1974 a 1977 e em alguns shows da turnê americana de *News of the World*, numa versão ligeiramente diferente, em que Brian May e Freddie Mercury fazem um "duelo" entre guitarra e piano no solo.

Freddie Mercury: Vocal e vocais de apoio

Brian May: Guitarra Red Special, violão Martin D 18, violão Hairfred e vocais de apoio

John Deacon: Baixo Fender Precision

Roger Taylor: Bateria Ludwig e vocais de apoio

SOME DAY ONE DAY

autoria: Brian May | arranjos: Queen
produção: Roy Thomas Baker e Queen
engenharia e mixagem: Mike Stone
gravada em: Trident – 1973

Mais uma faixa do lado A (White) de *Queen II* composta por Brian May com uma bonita letra romântica.

"Some Day One Day" ficou marcada por ser a primeira canção do Queen a ter Brian May como vocalista principal e único. Além dessa curiosidade, Brian toca todos os violões e guitarras, com destaque para o solo final antes do *fade out*, que apresenta um *overdub* de nada menos que três guitarras, em um arranjo atípico de Brian May. A principal diferença aqui são as performances: ao invés de sobrepor os instrumentos para um solo apenas, Brian fez questão de executar três solos diferentes!

Freddie Mercury: Vocais de apoio

Brian May: Violão de 12 cordas, guitarra Red Special e vocais

John Deacon: Baixo Fender Precision

Roger Taylor: Bateria Ludwig

THE LOSER IN THE END

autoria: Roger Taylor
arranjos: Roger Taylor
produção: Queen e Roy Thomas Baker
engenharia e mixagem: Mike Stone
gravada em: Trident – 1973

A primeira incursão do Queen no mundo do funk, "The Loser in the End" é também a única faixa do álbum composta por Roger Taylor, que mistura o groove do funk com o rock – estilo que ficaria marcante na discografia da banda nos anos seguintes, com destaque para o álbum *Hot Space* e algumas faixas de *The Game*. Embora *Queen II* não seja um álbum conceitual, que obrigue todas as canções a se relacionarem, "The Loser in the End" parece estar meio deslocada no contexto geral do disco. Quando comparada às outras faixas, o estilo da canção não combina muito com o material oferecido por Brian May e Freddie Mercury (que, a propósito, não participou das sessões de gravação desta música).

Nunca tocada ao vivo pelo Queen.

Brian May: Guitarra Red Special

John Deacon: Baixo Fender Precision

Roger Taylor: Vocal, bateria Ludwig, marimbas e vocais de apoio

OGRE BATTLE

autoria: Freddie Mercury | arranjos: Freddie Mercury
produção: Roy Thomas Baker e Queen
engenharia e mixagem: Mike Stone | gravada em: Trident – 1973

Freddie Mercury compôs "Ogre Battle" em 1972, mas a canção não pôde ser integrada ao álbum de estreia do Queen devido ao curto tempo de estúdio que a banda teve para concluir sua primeira incursão no mundo do rock. Esse fato seria remediado em *Queen II*, com a vantagem de o grupo ter tido mais tempo para dar os toques finais no trabalho.

O tema da fantasia retorna ao cenário musical do Queen. A letra de "Ogre Battle" – uma das faixas mais pesadas e de estrutura mais complexa gravada pela banda até então – foi ressaltada por *riffs* de guitarra criados por Freddie Mercury e aprimorados no estúdio por Brian May. Para o produtor Roy Thomas Baker ficou a missão de adicionar diversos efeitos especiais ao arranjo: som de guitarras em reverso, gritos tribais, gongo chinês com *reverb*, entre outros. A ideia de incluir *riffs* tocados "ao contrário" aconteceu totalmente por acidente. Durante a audição de um dos *takes*, a fita de "Ogre Battle" começou a girar de forma invertida e a sonoridade acabou agradando a todos.

Tocada ao vivo até 1978.

Freddie Mercury: Vocal, vocais de apoio e efeitos
Brian May: Guitarra Red Special e vocais de apoio
John Deacon: Baixo Fender Precision
Roger Taylor: Bateria Ludwig, gongo Paiste e vocais de apoio

THE FAIRY FELLER'S MASTER STROKE
autoria: Freddie Mercury | arranjos: Freddie Mercury
produção: Roy Thomas Baker e Queen
engenharia e mixagem: Mike Stone | gravada e mixada em: Trident – 1973

Composição de Freddie Mercury, baseada na pintura homônima do artista Richard Dadd, exposta atualmente na galeria Tate, de Londres que retrata, em partes, personagens das obras de William Shakespeare, "Sonho de uma Noite de Verão" e "Romeu e Julieta". A letra de "The Fairy Feller's Master Stroke" apresenta uma atmosfera toda particular, onde cada uma das cenas do quadro é descrita pelo vocalista, similar ao que ocorre com a canção dos Beatles "Being for Benefit of Mr. Kite". A canção é ponteada por um arranjo complexo, desenvolvido sobre uma base de bateria, piano e baixo, que ainda traz Mercury tocando cravo (pertencente ao acervo do estúdio Trident) e Roy Thomas Baker tocando castanholas.

Roger Taylor chegou a declarar na época do lançamento de *Queen II* que a música havia se tornado a maior experiência do grupo "em estéreo", referindo-se à complicada mixagem dos instrumentos e vocais, usando todos os recursos da mesa de som.

Tocada ao vivo pela banda no início dos anos 70.

Freddie Mercury: Vocais, cravo, piano Bechstein e vocais de apoio

Brian May: Guitarra Red Special e vocais de apoio
John Deacon: Baixo Fender Precision
Roger Taylor: Bateria Ludwig e vocais de apoio
Roy Thomas Baker: Castanholas

NEVERMORE

autoria: Freddie Mercury | arranjos: Freddie Mercury
produção: Queen, Roy Thomas Baker e Robin Cable
engenharia e mixagem: Mike Stone | gravada em: Trident – 1973

"Nevermore" começa onde termina "The Fairy Feller's Master Stroke". Graças ao trabalho perfeito dos engenheiros, os vocais de Mercury, May e Taylor se incorporam, sem interrupção, à introdução desta faixa, que começa pontuada pelo belo piano de Freddie Mercury aliado à guitarra de Brian May e ao baixo de John Deacon. Tudo é feito de forma bem sutil e com muito bom gosto. A produção de "Nevermore" conta ainda com o trabalho competente de Robin Cable – um fiel aprendiz do lendário Phil Spector – utilizando o recurso do "Piano Ring", criado por ele e que consiste em captar o som do instrumento martelando as cordas diretamente dentro de sua caixa.

Um arranjo um pouco diferente da faixa foi gravado pela banda nos estúdios Langham, na segunda sessão do Queen na série de programas produzidos pela rede BBC.

Freddie Mercury: Vocais, piano Bechstein e vocais de apoio
Brian May: Guitarra Red Special
John Deacon: Baixo Fender Precision

THE MARCH OF THE BLACK QUEEN

autoria: Freddie Mercury | arranjos: Roger Taylor
produção: Roy Thomas Baker, Queen e Robin Cable
engenharia e mixagem: Mike Stone | gravada em: Trident – 1973

Canção extremamente complexa da autoria de Freddie Mercury, criada em 1973. Essa faixa, segundo alguns críticos, seria a prova de que o Queen era um grupo de "rock progressivo". Ela muda de tonalidade e de ritmo inúmeras vezes durante sua performance e tem sua temática centrada em personagens do mundo das fantasias, assim como "Seven Seas of Rhye" e "My Fairy King". Gravada em uma mesa de 16 canais, "The March of the Black Queen" quase foi completamente perdida quando a fita de gravação se partiu em duas. O motivo do acidente tem explicação técnica: a enorme quantidade de *overdubs* quase destruiu o equipamento, que acabou sendo socorrido pela equipe de engenheiros no final, para alegria da banda.

Em virtude da complexidade de seus arranjos, nunca foi tocada na íntegra nas turnês do grupo, somente alguns trechos durante o *medley* que a banda costumava fazer.

Freddie Mercury: Vocal, piano Bechstein e vocais de apoio

Brian May: Guitarra Red Special e vocais de apoio

John Deacon: Baixo Fender Precision

Roger Taylor: Vocais, vocais de apoio e bateria Ludwig

FUNNY HOW LOVE IS

autoria: Freddie Mercury
arranjos: Freddie Mercury
produção: Robin Cable e Queen
engenharia e mixagem: Mike Stone
gravada em: Trident – 1973

Canção com produção influenciada pelo efeito "Wall of Sound", criado pelo lendário e polêmico (e às vezes, perturbado), Phil Spector. Tudo isso, claro, graças à atuação do discípulo de Spector, Robin Cable, que ajudou o Queen a desenvolver "Funny How Love Is" nas dependências do histórico Trident, em Londres. Para quem desconhece o recurso, traduzido literalmente como "parede de som", ele é composto essencialmente da performance e gravação de diversos instrumentos que tocam basicamente a mesma nota de forma simultânea.

Como curiosidade, Freddie Mercury já havia experimentado o recurso quando trabalhou com Robin Cable na gravação da faixa "I Can Hear Music", uma *cover* dos Beach Boys, sob o pseudônimo de Larry Lurex.

Freddie Mercury: Vocais e vocais de apoio

Brian May: Violão de 12 cordas e guitarra Red Special

John Deacon: Baixo Fender Precision

Roger Taylor: Bateria Ludwig

QUEEN EM DISCOS E CANÇÕES

SEVEN SEAS OF RHYE

autoria: Freddie Mercury
arranjos: Freddie Mercury
produção: Roy Thomas Baker e Queen
engenharia e mixagem: Mike Stone
gravada em: Trident – 1973

A vinheta de *Queen* finalmente ganha vida e se transforma em uma faixa de grande destaque do segundo álbum da banda, ao ser lançada como *single* e atingir o 10º lugar nas paradas britânicas. Assim como em "My Fairy King", "Seven Seas of Rhye" fala sobre um mundo fictício criado por Mercury. A introdução da faixa traz uma característica marcante da performance do Queen: arpejos executados ao piano por Mercury, com o máximo de concentração e destreza, o que pode ser visto durante as apresentações ao vivo da banda (em Live Wembley, por exemplo).

"Seven Seas of Rhye" tem um arranjo vocal simples se comparado aos padrões de *Queen II*, somente três vozes: Brian, Freddie e Roger em ordem de alcance de alturas.

Curiosidade: No final da música todos os presentes no estúdio (além da banda, os produtores, Roy Thomas Baker e Robin Cable, e o engenheiro Mike Stone) cantam de forma muito divertida a canção tradicional inglesa "I Do Like to Be Beside to Seaside".

Freddie Mercury: Vocal, piano Bechstein e vocais de apoio
Brian May: Guitarra Red Special e vocais de apoio
John Deacon: Baixo Fender Precision
Roger Taylor: Bateria Ludwig

NO BAÚ DE *QUEEN II*

Música trabalhada nas sessões, mas que ficou de fora do álbum: "See What a Foll I've Been".

QUEEN

OS ÁLBUNS

CAPÍTULO 3
Sheer Heart Attack

O lançamento de *Queen II* representou um marco para a história da banda. Com sua chegada às lojas em março de 1974, o grupo finalmente sairia em uma turnê importante. Desta vez, como atração de abertura do Mott the Hoople. Em um acordo firmado entre as partes, ficara acertado que o Queen ganharia cerca de três mil libras esterlinas por espetáculo, no total de 25 shows em um intervalo de cinco semanas. O trato, negociado pelo empresário da banda, Jack Nelson, por pouco não foi concretizado. Todos reconheciam que era uma verdadeira maratona e o valor do acordo ficou aquém das expectativas. Ainda assim, seria um obstáculo necessário a ser superado para um grupo que demonstrava tanto potencial.

Logo em seguida à excursão, o Queen recebeu outro convite. A nova missão seria o festival de Sunbury, na Austrália, que tinha a fama de ser uma

MASTERS

espécie de "Woodstock da Oceania". Após aceitarem o convite e tomarem muitas doses de vacina em cada braço para ingressar em território australiano, uma espécie de inferno astral parecia se instaurar para Brian May. Ao chegar à Austrália, ele sentiu seu braço dormente e foi diagnosticado com uma gangrena devido a uma agulha infectada, o que o deixava em risco, inclusive, de ter o membro amputado.

Após voltar correndo para casa e passar por um sério tratamento com antibióticos, Brian voltou à ativa. Eles teriam mais alguns shows na Inglaterra e uma nova turnê, em parceria com o Mott the Hoople, agendada nos USA. O Queen sabia que o sucesso em território americano seria a chave para que a banda decolasse e se preparou muito bem para a empreitada. Porém exatamente no meio da turnê, no décimo oitavo show, no Uris Theater, em Nova Iorque, no dia 11 de maio de 1974, Brian começou a sentir-se indisposto, precisando de cuidados médicos imediatos. No dia seguinte o músico viu sua pele amarelada e um médico foi imediatamente chamado. Diagnóstico: hepatite. A doença do guitarrista provocou um efeito colateral nos negócios do grupo. Por conta do incidente, parte dos espetáculos precisou ser cancelada. E pior: a primeira turnê da banda pelos Estados Unidos, agendada com bastante antecedência, teve de ser cortada pela metade. Para o lugar do Queen, foi convidada a banda americana Kansas.

Enquanto Brian May se recuperava da hepatite, Freddie Mercury, John Deacon e Roger Taylor decidiram antecipar a pré-produção de mais um álbum. Para não perder tempo, eles decidiram gravar o que fosse possível, deixando os espaços em branco para o guitarrista fazer os *overdubs* quando recebesse alta. Quando tudo parecia certo para um retorno, sua saúde decide lhe pregar mais uma peça. Em sua primeira semana dentro do estúdio, Brian voltou a ser internado após ser diagnosticado com uma úlcera no duodeno. Por insistência própria, ele ainda tentava gravar alguns *riffs* quando se sentia melhor, mas a dificuldade era enorme e as gravações precisavam ser interrompidas. Um dos momentos mais frustrantes para o enfermo músico ocorreu durante as sessões da faixa "Killer Queen". Deitado em uma cama no aconchegante Rockfield, ele ouvia como a música era desenvolvida e nada podia fazer a não ser torcer para voltar rápido à ativa.

Em meio aos infortúnios e imprevistos, as sessões que dariam origem ao LP *Sheer Heart Attack* foram completadas entre julho e setembro de 1974, em diversas locações. O início dos trabalhos no Trident Studios contou com a presença de Brian May, antes de o guitarrista ser surpreendido pela úlcera. "In the Laps of Gods" e "Lilly of the Valley" saíram dessa fornada. O Queen só retornaria ao Trident em setembro para dar os toques finais em "Now I'm Here". As demais canções seriam produzidas no Rockfield, com *overdubs* no Wessex e no AIR Studios – este último de propriedade de Sir George Martin, que não requer maiores apresentações.

Em virtude de o Queen não ter planejado entrar no estúdio naquele momento (afinal, *Queen II* mal havia sido lançado e os shows ao vivo eram a prioridade), muitas faixas trabalhadas pela banda eram canções inacabadas, tiradas dos arquivos para inclusão no novo LP. "Brighton Rock" era uma sobra de *Queen II* e trazia um solo de guitarra que já havia sido utilizado em "Blag", do grupo Smile. Outra referência em "Brighton Rock" está em sua introdução, onde alguém assovia a melodia de "I Do Like to Be Beside the Seaside" – que já estava presente na última faixa do álbum anterior, "Seven Seas of Rhye". "Stone Cold Crazy" é outro caso que remete aos primórdios da banda. A música já havia sido executada por Freddie Mercury com seu grupo Wreckage e levaria a marca de ser a primeira faixa creditada aos quatro membros do Queen. No total, 13 músicas apenas seriam finalizadas, além de "God Save the Queen", que seria lançada somente em *A Night at the Opera*, e de "Sheer Heart Attack". Esta última levaria três anos para ver a luz do dia em *News of the World*.

No campo dos *hits*, *Sheer Heart Attack* apresentou o primeiro sucesso comercial: a estupenda "Killer Queen", que arrebatou uma ótima segunda colocação no competitivo Reino Unido, além de brindar o grupo com o primeiro Top 20 na ainda mais disputada *Billboard* norte-americana. Sobre o *single*, Brian May declararia que a canção representou o "ponto de virada" para o Queen. Afinal, com seu terceiro disco nas prateleiras, em suas próprias palavras eles "precisavam desesperadamente de um *hit*". Com menor impacto, "Now I'm Here" emplacaria a 11ª posição, se transformando na segunda faixa do álbum a atingir o Top 20 britânico.

Para compor a foto da capa de *Sheer Heart Attack* a banda contou com o talento de Mick Rock novamente. Se de fato esta não se transformaria em uma imagem tão emblemática como a do álbum anterior, as sessões de fotos acabariam por ser, no mínimo, dominadas pelo bom humor e descontração. As poses, cheias de irreverência, mostravam que a banda passava por mudanças, deixando de lado o estilo mais sério e compenetrado construído no início. Um detalhe curioso destas fotos é que Roger Taylor não havia ficado contente com a aparência de seu cabelo. Para resolver o seu problema Mick Rock providenciou madeixas postiças loiras que foram incluídas na foto.

A música, por sua vez, acompanhava as transformações visuais e se convertia para atingir um público maior e mais receptivo.

Sheer Heart Attack foi lançado em novembro de 1974, trinta dias após a chegada do *single* "Killer Queen". Uma semana antes de o LP pousar nas prateleiras, a banda já estava na estrada com diversas músicas do novo trabalho incluídas em seu repertório. E como se comesse um prato de sopa pelas beiradas, o gigante inglês começava a passear pela Terra mostrando uma nova faceta do rock and roll. Tudo isso com a marca registrada do Queen.

SHEER HEART ATTACK – FAIXA A FAIXA

BRIGHTON ROCK
autoria: Brian May | arranjos: Queen
produção: Queen e Roy Thomas Baker
engenharia e mixagem: Mike Stone
gravada em: Rockfield – 1974

Brian escreveu "Brighton Rock" em 1973, mas não conseguiu finalizar sua composição em tempo de incluí-la em *Queen II*. Enquanto não era escalada para um disco da banda, a faixa ganharia diversos (e bizarros) nomes: "Happy Little Fuck", "Happy Little Day", "Blackpool Rock", "Bognor Ballad", "Skiffle Rock", "Southend Sea", "Scout" e "Herne Bay". Por fim, "Brighton Rock" seria escolhido como o título definitivo. O nome, a propósito, é uma referência à tradicional cidade da costa inglesa onde Brian costumava passar as férias de verão com seus pais em sua infância.

Um dos solos mais famosos de May pode ser conferido aqui, onde ele utiliza uma câmara de eco Echoplex para simular o som de uma segunda guitarra, como se fosse um *overdub*. Curiosamente, este solo – inspirado por Jimi Hendrix, um de seus maiores ídolos – era parte original e integral de "Blag" – canção composta para o Smile. Antes de ser adicionado à faixa que entraria em *Sheer Heart Attack*, entretanto, o solo também seria usado em "Son and Daughter" durante as apresentações ao vivo, nas turnês antigas da banda.

A introdução meio circense da música foi extraída do banco de sons da americana Elektra, entregue pelo executivo Jack Holzman, que sugeriu sua inclusão, quando visitava a banda. Ao ouvir a trilha, Freddie imediatamente introduziu um trecho de "I Do Like to Be Beside the Seaside", em forma de assovio.

Freddie Mercury: Vocais e vocais de apoio
Brian May: Guitarra Red Special e vocais de apoio
John Deacon: Baixo Fender Precision
Roger Taylor: Bateria Ludwig, vocal e vocais de apoio

KILLER QUEEN

autoria: Freddie Mercury | arranjos: Freddie Mercury
produção: Queen e Roy Thomas Baker
engenharia e mixagem: Mike Stone
gravada em: Rockfield – 1974

Exemplo clássico da transição de rock de arena para o puro pop com a marca registrada do Queen, "Killer Queen" é o grande *hit* do álbum, mas não deixa de se destacar por sua qualidade lírica e melódica. A faixa conferiu à banda seu primeiro prêmio Ivor Novello. Este prêmio, em forma de estatueta de cobre, é distribuído anualmente, no mês de maio, no Reino Unido, com o intuito de premiar arranjadores, compositores e executores que se destacaram no período. Ivor, vale mencionar, foi um ator e compositor galês que, através de sua obra musical baseada em operetas, tornou-se um dos mais populares artistas britânicos.

Curiosamente, "Killer Queen" é uma das raras peças criadas por Freddie Mercury em que a letra chegou primeiro que o arranjo. E também uma das raras canções sem a participação (ao menos, no início) de Brian May, que enfrentava problemas de saúde. De fato, o guitarrista (que gravaria sua contribuição mais tarde, na forma de *overdubs*) era contra o lançamento de "Killer Queen" como *single*. Sua ideia original seria a de promover o disco com algo mais "pesado", na tradição dos dois primeiros discos do grupo. No final das contas, Brian se rendeu ao poder de atração da faixa que cita Maria Antonieta – a menina austríaca que viria a se tornar mais tarde a rainha da França, apelidada como The Queen of Fashion (A Rainha da Moda), por seu estilo extravagante e exótico.

Anos após o lançamento de *Sheer Heart Attack* e de "Killer Queen" como *single*, Brian May declarou ter gostado muito do produto final. Principalmente de seu solo (dividido em 3 seções), que consegue definir bem a melodia. Outro ponto destacado pelo guitarrista é a lembrança de ouvir Freddie Mercury tocando a melodia da música ao piano enquanto ele descansava em uma cama instalada no estúdio Rockfield, ainda se recuperando da hepatite. A situação causou certa angústia no músico, já que naquele momento ele se encontrava impotente, sem poder contribuir com nada em uma canção que ele estava curtindo muito escutar. Outro item memorável (se não o de mais destaque) é a composição das harmonias. Para alcançar a versão ouvida no disco, Roger Taylor revela que a banda precisou regravar os vocais mais de cinco vezes até ficarem satisfeitos com o resultado.

Freddie Mercury: Vocais, piano, chappel jangle piano e vocais de apoio

Brian May: Guitarra Red Special e vocais de apoio

John Deacon: Contraixo Fender Precision

Roger Taylor: Bateria Ludwig, triângulo Ludwig, vocais de apoio e percussão windchimes Ludwig

TENEMENT FUNSTER

autoria: Roger Taylor | arranjos: Roger Taylor
produção: Queen e Roy Thomas Baker
engenharia e mixagem: Mike Stone
gravada em: Rockfield e Wessex – 1974

Faixa de Roger Taylor na qual ele, além de tocar bateria, gravou o vocal principal, violão e contribuiu com seus vocais de apoio para as harmonias.

Assim como em "Brighton Rock", a guitarra em "Tenement Funster" está carregada de ecos, agora provenientes de um *delay* de fita.

"Tenement Funster" também integrou a 5ª sessão exclusiva da banda para a rádio BBC, gravada em 16 de outubro de 1974 e produzida por Jeff Griffin. A mesma base instrumental usada em *Sheer Heart Attack* foi reaproveitada pela emissora, com a adição de um vocal de Roger Taylor (mais agressivo) preparado especialmente para a ocasião. A música foi transmitida pela BBC Radio One em duas oportunidades: 1º e 4 de novembro de 1974.

Freddie Mercury: Piano Yamaha

Brian May: Guitarra Red Special

John Deacon: Baixo Fender Precision
Roger Taylor: Bateria Ludwig, violão, guitarra Fender, vocal e vocais de apoio

FLICK OF THE WRIST

autoria: Freddie Mercury | arranjos: Queen
produção: Queen e Roy Thomas Baker
engenharia e mixagem: Mike Stone
gravada em: Wessex – 1974

"Flick of the Wrist" foi a primeira faixa trabalhada no estúdio por Brian May assim que recebeu alta do hospital. A letra, de autoria de Freddie, é um exemplo de como o Queen pode fazer comentários "ácidos" sobre assuntos peculiares. De fato, a letra fala um pouco da insatisfação do grupo com sua corrente administração. Em um futuro não muito distante, o rompimento da parceria entre o Queen e a Trident Productions seria transformado em outra criação: "Death on Two Legs", incluída no LP *A Night at the Opera*. "Flick of the Wrist" é uma retomada ao rock pesado praticado pelo Queen no início de carreira.

"Flick of the Wrist" foi incluída como duplo lado A junto de "Killer Queen", mas pouco executada nas emissoras pelos DJs.

A faixa integrou a quinta sessão exclusiva do Queen para a BBC.

Freddie Mercury: Vocal, piano Bosendorfer e vocais de apoio
Brian May: Guitarra Red Special, vocais de apoio
John Deacon: Baixo Fender Precision
Roger Taylor: Bateria Ludwig e vocais de apoio

LILY OF THE VALLEY

autoria: Freddie Mercury | arranjos: Freddie Mercury
produção: Queen e Roy Thomas Baker
engenharia e mixagem: Mike Stone
gravada em: Trident – 1974

As músicas do Queen (principalmente as dos primeiros discos) são pródigas em citações e comentários sobre trabalhos anteriores da banda. No caso de "Lilly of the Valley" – composta por Mercury – a letra menciona

MASTERS

trechos de "Seven Seas of Rhye" (*Queen II*) no trecho "To tell the King of Rhye he's lost his throne…" ("Para avisar ao Rei de Rhye que ele perdeu seu trono…"). Anos após o lançamento do LP *Sheer Heart Attack*, Brian May declarou que as canções de Freddie Mercury não costumavam ser muito introspectivas, mas o mesmo não poderia ser dito sobre "Lilly of the Valley". Em seus versos, alguns detalhes da personalidade de Mercury são sutilmente detectados. Sobre a faixa, o guitarrista ainda comentou: "É uma grande obra de arte, mas dificilmente 'Lilly of the Valley' se transformaria em um *hit*."

A faixa foi lançada como lado B do *single* "Now I'm Here".

Freddie Mercury: Vocais, piano Bechstein e vocais de apoio
Brian May: Guitarra Red Special e vocais de apoio
John Deacon: Baixo Fender Precision
Roger Taylor: Bateria Ludwig

NOW I'M HERE

autoria: Brian May | arranjos: Brian May
produção: Queen e Roy Thomas Baker
engenharia e mixagem: Mike Stone
gravada em: Trident – 1974

Fatos sobre "Now I'm Here": Segundo Freddie Mercury, a inclusão da faixa no álbum foi uma tentativa de mostrar que o Queen também sabia fazer bons rocks. Também segundo ele, a música se tornaria uma das canções prediletas da banda ao vivo.

Composta por Brian May enquanto estava no hospital, a faixa recebeu originalmente o título de "Peaches" que era o codinome de uma garota com quem Brian se relacionou nos EUA. A faixa foi a última a ser gravada para *Sheer Heart Attack*, nas mesmas sessões de "God Save the Queen" – que só sairia em *A Night at the Opera* no ano seguinte. A inspiração para compor "Now I'm Here" veio durante a turnê pelos EUA, cancelada logo após Brian adoecer. Sua letra é baseada no estilo americano de fazer rock, além, claro, na situação delicada que ele se encontrava durante seus tratamentos no hospital.

Brian revelaria mais tarde que, logo após retornar ao trabalho, precisou acrescentar seus solos de guitarra nas bases instrumentais gravadas pela banda. Entre essas faixas, "Flick of the Wrist" era uma das músicas que não havia ouvido antes de adoecer. Por ser algo novo, a faixa o inspirou para terminar "Now I'm Here" em casa e a gravá-la, posteriormente, com o grupo. Como em "Liar", do primeiro álbum, em "Now I'm Here" temos a presença do órgão Hammond, tocado por Freddie.

Assim como "Tenement Funster", "Killer Queen" e "Stone Cold Crazy", "Now I'm Here" teve seus vocais regravados no Maida Vale Studios para a BBC. Ao vivo, a faixa estreou em 31 de outubro de 1974 em Manchester e permaneceu no *setlist* da banda em turnês seguintes. Muitas vezes, a música recebia um improviso vocal de Freddie e um solo diferente. Em 1986, Brian May adicionou o solo de "Brighton Rock" à canção, dando um colorido diferente à performance.

A faixa foi escolhida como segundo *single* do álbum, que acabou alcançando somente a posição de número 11 nas paradas britânicas.

Freddie Mercury: Vocais, órgão Hammond e vocais de apoio
Brian May: Guitarra Red Special, vocais de apoio e piano Bechstein
John Deacon: Baixo Fender Precision
Roger Taylor: Bateria Ludwig e vocais de apoio

IN THE LAP OF THE GODS

autoria: Freddie Mercury | arranjos: Freddie Mercury
produção: Roy Thomas Baker e Queen
engenharia e mixagem: Mike Stone
gravada em: Wessex – 1974

Considerada uma das predecessoras da obra-prima "Bohemian Rhapsody" (que integraria o álbum seguinte do grupo, *A Night at the Opera*), esta faixa assinada por Freddie Mercury foi uma das primeiras a serem trabalhadas para o LP. A música, de fato, apresenta diversas características do estilo que predominaria no álbum sucessor, como arpejos ("Death on Two Legs"), harmonias vocais, falsetes e outras musicalidades.

A melodia de "In the Lap of the Gods" nasceu por acaso. Durante as turnês da banda, Roger Taylor costumava fazer uns exercícios vocais esquisitos, e uma das frases acidentais acabaria sendo desenvolvida mais tarde por ele no estúdio.

Anos mais tarde, ele contaria de forma bem-humorada que a música – por seu tom estravagante – era uma espécie de cruzamento de Cecil B.

De Mille (cineasta norte-americano, famoso por *Os Dez Mandamentos*) com Walt Disney.

No estúdio, Freddie Mercury utiliza o recurso de *varispeed* em seus vocais para reduzir a velocidade e atingir uma tonalidade bastante grave. Apesar de pouco perceptível há um violão tocado por Deacon, muito provavelmente gravado em função da ausência de Brian nos estúdios.

Freddie Mercury: Vocais, piano Bechstein e vocais de apoio

Brian May: Guitarra Red Special

John Deacon: Baixo Fender Precision e violão

Roger Taylor: Bateria Ludwig e vocais de apoio

STONE COLD CRAZY

autoria: Queen | arranjos: Queen
produção: Roy Thomas Baker e Queen
engenharia e mixagem: Mike Stone
gravada em: Rockfield – 1974

"Stone Cold Crazy" é de fato uma composição que surgiu durante a fase de Freddie Mercury como vocalista do Wreckage – uma de suas bandas anteriores ao Queen. Ainda assim, a faixa apareceria no LP assinada pelos quatro componentes (a primeira a receber tal crédito), pois ninguém sabia quem era realmente o autor da faixa. Outra curiosidade sobre a música é que ela foi a primeira a ser tocada ao vivo na estreia da banda como Queen, coincidentemente na terra natal de Roger Taylor, Cornwall.

A letra de "Stone Cold Crazy" tem um tema curioso. Ela fala sobre gângsteres famosos, citando inclusive o mafioso Al Capone, que contrabandeava bebidas em Chicago durante o período da Lei Seca, nos anos 20. Embora seja de autoria de Mercury e não de Brian May (o roqueiro mais "pesado" do Queen), "Stone Cold Crazy" é uma das faixas mais com cara de heavy metal já gravadas pelo grupo. Seu apelo aos metaleiros foi tão grande que ela ganharia um *cover* feito pela banda norte-americana Metallica em 1991.

Freddie Mercury: Vocais e vocais de apoio

Brian May: Guitarra Red Special

John Deacon: Baixo Fender Precision

Roger Taylor: Bateria Ludwig e vocais de apoio

QUEEN EM DISCOS E CANÇÕES

DEAR FRIENDS

autoria: Brian May | arranjos: Brian May
produção: Queen e Roy Thomas Baker
engenharia e mixagem: Mike Stone
gravada em: Trident – 1974

Faixa com melodia encantadora. Diferentemente das demais músicas do LP, "Dear Friends" tem mais as características de um poema. Assim como em "Now I'm Here", Brian May é o pianista. Ele toca com precisão provavelmente um modelo Bosendorfer, que havia sido recém-adquirido pelos estúdios Trident (de fato, o único instrumento a aparecer na canção), magistralmente captado por dois microfones.

"Dear Friends" é uma das canções da banda nunca apresentada ao vivo.

Freddie Mercury: Vocais e vocais de apoio
Brian May: Piano Bechstein

MISFIRE

autoria: John Deacon | arranjos: John Deacon
produção: Queen e Roy Thomas Baker
engenharia e mixagem: Mike Stone
gravada em: Wessex – 1974

Primeira canção de John Deacon a entrar no repertório do Queen, que ainda apresenta o baixista na guitarra-base. "Misfire" aparece no LP graças ao apoio constante de Freddie Mercury, que sempre incentivou Deacon a participar mais do processo criativo do grupo. Desta forma, além de ganhar com os contratos assinados para gravações e turnês, ele poderia faturar mais com royalties de suas composições.

Sem contar com Brian May no estúdio por conta de sua doença, John Deacon não só aparece como autor de "Misfire", como gravou quase todas as guitarras da faixa. A única exceção foi o solo, registrado por May na forma de um *overdub*, logo após seu retorno do hospital. Curiosamente, "Misfire" nunca foi tocada ao vivo pelo Queen.

Freddie Mercury: Vocais e vocais de apoio
Brian May: Guitarra Red Special
John Deacon: Violão Ovation, baixo Fender Precision e guitarra Fender
Roger Taylor: Bateria Ludwig

63

BRING BACK THAT LEROY BROWN

autoria: Freddie Mercury | arranjos: Mercury
produção: Queen e Roy Thomas Baker
engenharia e mixagem: Mike Stone
gravada em: Wessex – 1974

Em "Bring Back that Leroy Brown" temos Freddie Mercury influenciando a banda com o melhor do estilo *vaudeville* – gênero que voltaria a predominar em diversas outras composições do Queen, como "Seaside Rendezvous" e "Good Old Fashioned Lover Boy". A inspiração, claro, veio de "Bad Bad Leroy Brown", música do cantor folk Jim Croce que teve uma morte prematura em 1973, com apenas 30 anos.

Brian relembra sua performance com o ukelele – seu primeiro instrumento na infância – o que combinou bastante com a atmosfera mais retrô da canção de Freddie. Aqui, mais uma vez, temos a presença do *varispeed*, produzindo a nota mais grave já cantada por Freddie.

Freddie Mercury: Vocais, piano chappel jangle e Yamaha e vocais de apoio
Brian May: Guitarra Red Special e ukulele George Formby
John Deacon: Baixo Fender Precision e Double Bass
Roger Taylor: Bateria Ludwig

SHE MAKES ME (STORMTROOPER IN STILETTOES)

autoria: Brian May | arranjos: Brian May
produção: Queen e Roy Thomas Baker
engenharia e mixagem: Mike Stone
gravada em: Rockfield e Wessex – 1974

Segunda faixa de *Sheer Heart Attack*, composta e cantada por Brian May, que ainda traz John Deacon no violão. A letra fala de amor, mas também é uma reflexão sobre o futuro no mundo do rock do guitarrista, ainda cheio de incertezas naquela altura. Vale lembrar que Brian sempre almejou ser um astrônomo e os constantes problemas de saúde levaram o músico a pensar se valeria mesmo a pena continuar com o Queen. O final da canção apresenta mais um trecho autobiográfico. A sirene da ambulância que surge nos últimos segundos representa a agonia passada pelo guitarrista quando ele passara mal durante a turnê norte-americana que levou o grupo a cancelar os shows.

Freddie Mercury: Vocais de apoio
Brian May: Vocais, vocais de apoio e guitarra Red Special
John Deacon: Baixo Fender Precision e violão de 12 cordas
Roger Taylor: Bateria Ludwig

IN THE LAP OF THE GODS (REVISTED)

autoria: Freddie Mercury | arranjos: Freddie Mercury
produção: Roy Thomas Baker e Queen
engenharia e mixagem: Mike Stone
gravada em: Rockfield – 1974

Na letra de "In the Lap of Gods", Mercury começa a externar sua fúria contra a imprensa britânica, que naqueles tempos adorava "malhar" a banda por qualquer motivo. Assim, não foi à toa que a canção foi considerada uma prévia de "We Are the Champions". No final da música, a faixa ganha os vocais de Smokey Taylor, Rob May, Karen Fairchild e Kimberly Roads Schlapmen. A explosão que se ouve no fim foi obtida pela saturação da fita de gravação.

Freddie Mercury: Vocais, vocais de apoio e piano Yamaha
Brian May: Guitarra Red Special e vocais de apoio
John Deacon: Baixo Fender Precision
Roger Taylor: Bateria Ludwig

NO BAÚ DE *SHEER HEART ATTACK*

Músicas trabalhadas nas sessões, mas que ficaram de fora do álbum: "Sheer Heart Attack" e "I Do Like to Be Beside the Seaside" (A Capella).

QUEEN

OS ÁLBUNS

CAPÍTULO 4
A Night at the Opera

A missão do Queen após o lançamento de *Sheer Heart Attack* era apenas uma: resgatar o prestígio abalado pelo cancelamento da turnê nos EUA – justificado, naturalmente, pelo estado de saúde de seu guitarrista principal. Assim, com Brian May completamente recuperado de suas enfermidades, a banda caiu na estrada pela Europa em outubro de 1974, culminando com a apresentação em Bruxelas, em 10 de dezembro. No ano seguinte, seria a vez dos fãs norte-americanos serem recompensados com os tão esperados shows. A excursão, iniciada em 12 de janeiro, se estenderia até março. A maratona de espetáculos ainda teria mais uma etapa, desembarcando em terras japonesas no dia 19 de abril. Seriam mais cinco concertos até o mês de maio – e, finalmente, as merecidas férias. Nem que a folga durasse por somente alguns dias...

MASTERS

Com a paz selada entre os fãs, o caminho natural para o Queen seria dar sequência à carreira, com a gravação do sucessor de *Sheer Heart Attack*. Ainda que as vendas de seu último *single*, "Killer Queen", andassem bem, as finanças da banda pareciam realmente seguir no caminho contrário. O problema central se encontrava na Trident Productions, encarregada de repassar ao Queen o que lhe era de direito. Pelo contrato, a produtora deveria repassar 60 libras esterlinas semanais de tudo o que fosse comercializado nas lojas – um valor irrisório para um grupo que já atingia proporções estratosféricas no pop. Para agravar o cenário, John Deacon pediu um adiantamento de 4000 libras para a Trident, a fim de acomodar sua esposa Verônica grávida, mas não foi atendido, então o Queen decidiu romper o contrato em definitivo com a empresa. A briga entre "artistas x corporativos" durou meses, a ponto de a banda ainda precisar pagar aos seus antigos administradores uma soma de 100 mil libras, além de ficar atrelada ao contrato por mais cinco anos, repassando 1% das vendas de seus discos a Trident.

Tudo resolvido? Não, longe disso. Para sanar suas pendências, o Queen se lançou no mercado em busca de diversos empresários. Afinal, a multa a ser paga não era das mais "humildes" no atual estágio do grupo. Neste período a banda tentou contratar vários colaboradores, inclusive o mítico Peter Grant, do Led Zeppelin. Era fato que Peter tinha um método extremamente peculiar de trabalhar no *showbiz*. Primeiro, porque sempre abominou o lançamento de *singles* para promover os LPs. Depois, sua cruzada antipirataria era famosa. Era sabido no meio que o *manager* se atirava de corpo e alma para confiscar *bootlegs* e álbuns piratas que já aterrorizavam o mercado naquela época. O acordo entre as partes quase saiu. O empecilho ficou por conta de Grant querer lançar o Queen pelo selo Swan Song (o mesmo do Led). A relação com a EMI impediu a continuidade das negociações.

Outro nome de respeito que chegou a ser contatado pela banda foi o experiente Don Arden, do Electric Light Orchestra e pai de Sharon Osbourne. A sondagem ao empresário aconteceu no início de 1975, quando o contrato com a Trident ainda era vigente. Como Deacon havia contatado Arden por meio da Trident, os músicos acharam que a empresa pudesse estragar o negócio. A salvação dos cofres do Queen viria, finalmente, por meio de John Reid (empresário de Elton John) que resolveu pagar todas as dívidas e investir em uma banda na qual ele botava muita fé. John disse que ajudaria a banda, em troca eles deveriam gravar o melhor álbum que pudessem.

PREPARANDO A "OPERA"

O primeiro passo para a gravação do novo álbum foi contatar uma equipe de primeira linha, que incluía o produtor Roy Thomas Baker, o engenheiro de som e fiel escudeiro, Mike Stone, além de Gary Lions e Gary Langham – este último, acionista do Sarm Studios e aspirante a produtor musical. O início dos trabalhos se deram no próprio Sarm Studios, em agosto de 1975. Diferentemente dos discos anteriores, o LP teria de ser começado praticamente do zero. Afinal, havia poucas sobras de estúdio de *Sheer Heart Attack*: uma versão do hino britânico "God Save the Queen", além de um rascunho de "The Prophet's Song", possivelmente originária das sessões de *Queen II*. Apesar da carência de material, aparentemente a liberdade que o Queen gozava após romper com a Trident fez aflorar a criatividade dos músicos. A prova disso foi o ritmo de produção adotado pelo grupo, que tratou de caprichar nas 10 faixas escolhidas para o projeto.

Para "produzir" os novos *hits*, o Queen trabalhou da seguinte forma: o esqueleto das músicas geralmente era montado nos estúdios Sarm East ou Rockfield. Passada essa fase, os vocais eram adicionados no estúdio Scorpio, deixando os demais *overdubs* para o Olympic Studios – local que já havia abrigado outros clássicos do rock como Rolling Stones, Jimi Hendrix e The Who. O espírito libertário que tomou conta da banda fez com que nenhum experimento deixasse de ser feito. A prova viva da nova fase foi ratificada no resultado alcançado com um de seus maiores clássicos "Bohemian Rhapsody" – faixa que ganhou, inclusive, um capítulo à parte em *A Night at the Opera*. Para se ter uma ideia do esforço empregado na música, existe uma lenda de que cerca de 180 vozes diferentes foram gravadas para que a faixa tivesse a sonoridade distinta que deixaria o mundo boquiaberto. Outro exemplo da extravagância musical pode ser notado em "Good Company", onde quatro guitarras distintas foram gravadas minuciosamente, nota por nota. O resultado dessa empreitada no estúdio foi o disco mais caro desde *Sgt. Pepper's*, dos Beatles, lançado oito anos antes naquele mesmo país, e o passaporte do Queen para ganhar a admiração de fãs e críticos em todo o planeta.

MARX, BAKER E EVERETT

O título do novo LP pode até ser curioso para os fãs de rock, mas não para os cinéfilos! O nome surgiu quase no fim das sessões. Faltava pouco para encerrar as mixagens, a banda ainda não tinha nenhuma ideia para batizar o álbum. A sugestão para *A Night at the Opera*, viria, então, após uma sessão de vídeo na casa de Roger Taylor, quando todos se divertiram após assistir o clássico assinado pelos irmãos Grouxo e Chico Marx. A ideia para o título foi aprovada na hora. Para solidificá-la, o Queen organizou um encontro especial com os comediantes em uma noite que terminou com os aplausos de Grouxo a uma rendição perfeita da música "39", com Brian May ao violão.

Todas as inovações artísticas que chegaram com o novo LP (inclusive, com o título do álbum) foram suficientes para o Queen decidir assumir o leme da produção de seus próximos trabalhos. Ao menos, era isso o que ficou estabelecido para os anos seguintes. Roy Thomas Baker – efetivo em *A Night at the Opera* – não assumiria o comando em *A Day at the Races* e *News of the World*. O produtor só voltaria a trabalhar no álbum *Jazz*, em 1978, encerrando, desta forma, seu ciclo ao lado do grupo. Justiça seja feita: Baker contribuiu muito para o progresso do Queen, embora o próprio produtor tenha confessado que tenha aprendido muito com a banda no estúdio.

Já o estrondoso sucesso comercial de *A Night at the Opera* pode – e deve – ser atribuído, em grande parte, à jogada de mestre promocional com o *single* "Bohemian Rhapsody". A estratégia usada para divulgar a música (que sofreu barreiras da EMI em seu lançamento, por considerá-la "longa demais") foi pedir ao DJ Kenny Everett (Maurice James Christopher Cole) que **não** divulgasse a música no rádio. Aconteceu exatamente o inverso... O radialista da Capital – e amigo particular de Freddie Mercury – não resistiu à tentação. Após tocar apenas trechos da canção em seu programa, Everett aguçou os ouvintes, sendo obrigado a executar "Bohemian Rhapsody" pelo menos 14 vezes em apenas um dia. O efeito foi quase imediato: a faixa atingiu o 1º lugar no Reino Unido, onde permaneceria por nove semanas consecutivas. Mas não foi apenas isso, muito mais ainda estava por vir.

A NIGHT AT THE OPERA – FAIXA A FAIXA

DEATH ON TWO LEGS

autoria: Freddie Mercury
arranjos: Freddie Mercury
produção: Roy Thomas Baker e Queen
engenharia e mixagem: Mike Stone e Gary Lions
gravada em: Sarm East, Olympic,
Scorpio e Rockfield – 1975

Canção escrita por Freddie Mercury em "homenagem" aos empresários desleais do rock. Com destaque, evidente, para os antigos parceiros do Queen: Jack Nelson (Tour Manager), Barry e Norman Sheffield (donos da Trident Productions). Apesar de não ter sido declarado oficialmente pelo grupo, a música (batizada originalmente como "Psycho Legs") foi levada a sério, principalmente por Norman, que chegou a processar o Queen por difamação. Vale ressaltar que Freddie costumava dedicar "Death on Two Legs" nos shows ao vivo "to a real motherfucker"... (a um verdadeiro f.d.p – em linguagem popular!). A "singela" introdução teve de ser editada da faixa incluída no LP *Live Killers*, por razões óbvias. Mais do que isso, os versos da música demonstram, de forma explícita, o sentimento de Mercury em relação ao papel dos empresários: "You suck my blood like a leach" ("Você suga meu sangue como sanguessuga") e também em "You've taken all my money and you want more" ("Você levou toda minha grana e ainda quer mais"). No estúdio, destaque para o solo de Brian May, gravado em apenas um *take*.

No final dos anos 90, Norman Sheffield e Queen tiveram um re-encontro amigável, em que a banda toda e, principalmente, John Deacon reconheceram a importância dos irmãos Sheffield para a história do grupo, fato contado no livro *Live on Two Legs* do próprio Norman Sheffield.

Freddie Mercury: Vocais, vocais de apoio e piano
Brian May: Guitarra Red Special e vocais de apoio
John Deacon: Baixo Fender Precision
Roger Taylor: Bateria Ludwig e vocais de apoio

LAZING ON A SUNDAY AFTERNOON

autoria: Freddie Mercury
arranjos: Freddie Mercury
produção: Roy Thomas Baker e Queen
engenharia e mixagem: Mike Stone e Gary Lions
gravada em: Sarm East, Olympic,
Scorpio e Rockfield – 1975

Em "Lazing on a Sunday Afternoon", o Queen retorna ao mundo do *vaudeville*, gênero musical introduzido à banda por Freddie Mercury, seu maior admirador. Sobre sua criação, Freddie revelou que a letra acabou se transformando, de certa forma, em um texto com conteúdo autobiográfico. Afinal, sua rotina – descrita nos versos da música – consistia em se divertir durante os dias de semana e descansar aos domingos!

Como curiosidade, os vocais de Mercury foram captados inicialmente por microfones e passados dentro de um balde de lata para obter um efeito semelhante ao de um megafone. O resultado satisfez a todos e foi mantido na fita máster.

Freddie Mercury: Vocais, piano Bechstein e vocais de apoio
Brian May: Guitarra Red Special
John Deacon: Baixo Fender Precision
Roger Taylor: Bateria Ludwig

I'M IN LOVE WITH MY CAR

autoria: Roger Taylor
arranjos: Roger Taylor
produção: Roy Thomas Baker e Queen
engenharia e mixagem: Mike Stone e Gary Lions / Roger Taylor
e Roy Thomas Baker
gravada em: Sarm East, Olympic,
Scorpio e Rockfield – 1975

Parte da inspiração para a criação de "I'm in Love with My Car" veio de um *roadie* da banda chamado Johnathan Harris. Já era mais do que sabido na esfera do Queen que Johnathan não tinha namorada e não curtia todas essas festas badaladas do mundo do rock. Mas amava seu Triumph TR 4! A prova da gratidão da banda pela fonte inspiradora foi parar na capa do disco, com a seguinte dedicatória ao garoto: "Dedicated to Johnathan Harris, boy racer to the end" ("Dedicada a Jonathan Harris, um corredor até o fim").

Assim, o fanatismo de Harris por seu carro somado à paixão de Roger Taylor – talvez até maior – pela velocidade deu origem a uma das faixas mais divertidas do álbum. E ela nasceu assim: antes de chegar ao estúdio, Roger tocou quase tudo na fita demo: bateria, vocais (mantidos na versão final, por cortesia de Freddie) e guitarra. Já na versão do LP, as guitarras ficaram por conta de seu especialista, Brian May.

Ao sair do forno, "I'm in Love with My Car" acabou sendo escolhida para figurar como o par de "Bohemian Rhapsody" no lado B do *single* que estaria marcado para se tornar o mais bem-sucedido da história do Queen (e uma das músicas mais aclamadas por crítica e público em todos os tempos). Uma das estratégias usadas por Taylor para convencer a banda a usar sua criação no disquinho de 45 rotações foi se trancar em um armário do estúdio até que a banda concordasse com sua "sugestão". Mesmo com o sinal verde do grupo, a decisão de incluir a música ao lado de uma das faixas mais vendidas do grupo acabaria por gerar muita polêmica na questão da divisão de royalties do *single*.

Freddie Mercury: Piano
Brian May: Guitarra Red Special
John Deacon: Baixo Fender Precision
Roger Taylor: Bateria Ludwig, vocal e vocais de apoio

YOU'RE MY BEST FRIEND

autoria: John Deacon
arranjos: John Deacon
produção: Roy Thomas Baker e Queen
engenharia e mixagem: Mike Stone e Gary Lions / John Deacon
e Roy Thomas Baker
gravada em: Sarm East, Olympic,
Scorpio e Rockfield – 1975

Faixa do álbum que se tornaria famosa por motivos ímpares. Primeiro, por ter sido a primeira música com a assinatura de John Deacon a ser escolhida como lado A de um *single*. E segundo, porque a balada foi a primeira das muitas compostas por Deacon em homenagem a sua mulher,

MASTERS

Veronica Tezlaf. O casal havia se casado naquele ano, e Deacon quis compartilhar com o mundo aquele seu momento de extrema felicidade.

No estúdio, John Deacon aparece pela primeira vez no comando de um piano elétrico – instrumento que aprendeu a tocar durante as sessões de *A Night at the Opera* –, usado na versão final da gravação.

Freddie Mercury não gostava do som do piano elétrico, John então, durante as sessões, levou o piano para casa, aprendeu a tocar, e trouxe "You're My Best Friend" já pronta.

Freddie Mercury – um dos maiores motivadores de John Deacon durante todos os anos de carreira no Queen – comentou sobre as sessões de "You're My Best Friend" em 1976: "Fiquei bastante contente com o resultado desta canção, John realmente mostrou o que sabe". Já Brian May comentou: "É a segunda canção que John escreveu para o grupo, e para mim é uma canção pop perfeita."

"You're My Best Friend" foi lançada como segundo *single* de *A Night at the Opera*, alcançando as posições de número 7 e 16 nas paradas do Reino Unido e dos EUA, respectivamente. Para promover a música, um vídeo foi rodado no Elstree Studios, dirigido por Bruce Grower, em abril de 1976, onde a banda toca em um cenário iluminado por centenas de velas.

Freddie Mercury: Vocais e vocais de apoio

Brian May: Guitarra Red Special e vocais de apoio

John Deacon: Baixo e piano elétrico Fender Rhodes ou Wurlitzer

Roger Taylor: Bateria Ludwig e vocais de apoio

'39

autoria: Brian May
arranjos: Brian May
produção: Roy Thomas Baker e Queen
engenharia e mixagem: Mike Stone e
Gary Lions / John Deacon e Roy Thomas Baker
gravada em: Sarm East, Olympic,
Scorpio e Rockfield – 1975

Eterno apaixonado pelos assuntos estrelares e astronômicos em geral, Brian May compôs "'39" justamente com o tema em mente. A letra de sua canção fala sobre uma jornada interestelar, na qual o protagonista embarca para uma viagem de um ano. Porém, devido à Teoria de Relatividade de Einstein, o tempo terrestre já havia se prolongado por mais de 100 anos! De fato, Brian May revelaria mais tarde que sua canção falava do que ele sentia no momento em que retornava para sua casa após longos períodos na estrada com o Queen, tocando nos palcos do mundo.

Para criar a melodia, não foi muito difícil. Segundo Brian, ele começou a tocar uma série de acordes, ao mesmo tempo em que cantarolou a primeira frase da letra: "In the year of 39..." e todo o arranjo já saiu, quase pronto. A sequência harmônica usada no decorrer da faixa foi bolada por seu autor para simular a aventura de uma viagem espacial. Já o estilo escolhido para a gravação final seria o *skiffle* – famoso por ídolos como Lonnie Doneghan, na Inglaterra, e adotado mais tarde pelo Rei do Rock, Elvis Presley.

Curiosidades das sessões: durante a mixagem, a tonalidade da música foi aumentada de forma artificial na mesa de som. Já a gravação dos vocais de apoio se deu da seguinte forma: notas mais altas – cantadas por Roger Taylor; falsetes – interpretados por Brian May; e *overdubs* – por Freddie Mercury.

"39" permaneceu no repertório ao vivo da banda de 1976 a 1979 e ressurgiu em algumas apresentações na turnê *The Works* em 1984.

Freddie Mercury: Vocais de apoio

Brian May: Vocal, guitarra, violão de 12 cordas, amplificador Deaky e vocais de apoio.

John Deacon: Baixo acústico

Roger Taylor: Bateria Ludwig, pandeiro Ludwig e vocais de apoio

SWEET LADY

autoria: Brian May
arranjos: Brian May
produção: Roy Thomas Baker e Queen
engenharia e mixagem: Mike Stone,
Gary Lions / Brian May, Roy Thomas Baker
gravada em: Sarm East, Olympic,
Scorpio e Rockfield – 1975

O bom e velho estilo *heavy* está de volta ao som do Queen, com "Sweet Lady". E ele não poderia ter surgido de outra fonte: Brian May. Quase sempre o mais roqueiro da banda, May teve de aturar um pouco de críticas

MASTERS

negativas por trazer uma música com uma roupagem mais direta, a um álbum que apresentou um Queen no auge de sua sofisticação, com números como "Bohemian Rhapsody". No estúdio, o principal obstáculo para o registro de "Sweet Lady" foi a execução da bateria tocada por Roger Taylor, por conta de seu andamento (3/4).

Tocada ao vivo entre 1975 e 1977.

Freddie Mercury: Vocais e vocais de apoio
Brian May: Guitarra Red Special e vocais de apoio
John Deacon: Baixo Fender Precision
Roger Taylor: Bateria Ludwig e vocais de apoio

SEASIDE RENDEZVOUZ

autoria: Freddie Mercury
arranjos: Freddie Mercury
produção: Roy Thomas Baker e Queen
engenharia e mixagem: Mike Stone,
Gary Lions / Freddie Mercury, Roy Thomas Baker
gravada: Sarm East, Olympic, Scorpio e Rockfield – 1975

Logo após o heavy metal de "Sweet Lady" (cortesia de Brian May), segue mais um exemplo da paixão de Freddie Mercury pelo *vaudeville*. É exatamente o que o fã do Queen recebeu com "Seaside Rendezvouz". A faixa foi composta e gravada com uma série de inovações nos arranjos, principalmente com *overdubs* de sons não tão usuais, como vocais imitando instrumentos de sopro (kazoo) e percussões simulando a arte do sapateado. Fato comprovado: "Seaside Rendezvouz" é o exemplo prático de como o Queen procurava não se prender a rótulos. O uso de estilos variados e a adoção de influências longe do campo do rock and roll sempre foram marcas registradas da banda.

Como dado histórico, "Seaside Rendezvouz" ficou marcada como a primeira música do Queen em que Brian May não participou das gravações, ele somente ajudou Roy Thomas Baker na produção.

Freddie Mercury: Vocais, vocais de apoio, vocais imitando instrumentos de sopro, piano Bechstein e piano Chappel Jangle
John Deacon: Baixo Fender Precision
Roger Taylor: Bateria Ludwig, triângulo e vocais imitando metais

THE PROPHET'S SONG

autoria: Brian May
arranjos: Brian May
produção: Roy Thomas Baker e Queen
engenharia e mixagem: Mike Stone,
Gary Lions / Brian May, Roy Thomas Baker
gravada em: Sarm, Roundhouse, Scorpios e Olympic – 1975

A fonte de inspiração para a composição de "The Prophet's Song", canção que já circulava entre as sobras de estúdio, foi um sonho que Brian May teve provavelmente durante o período de gravações do segundo álbum da banda. Certa vez, Brian May conta que acordou com uma voz em sua cabeça: "Oh people of the Earth" – (oh povo da Terra), e a frase ficou tão marcada a ponto de o guitarrista ser motivado a compor sobre o tema, que mistura um pouco de ficção científica (assunto favorito de Roger Taylor!) e religião. Afinal, a letra fala sobre um profeta que clama às pessoas para que eles o sigam para fugir do "fim do mundo". Os versos levaram os fãs e a crítica a compararem o trecho a uma passagem do Apocalipse bíblico.

"The Prophet's Song" apresenta alguns elementos incomuns em sua gravação como, por exemplo, o *overdub* de Toy Koto utilizado em sua introdução. O "Koto" é um instrumento de cordas típico no Japão que Brian ganhou como *souvenir* na turnê que a banda fez na Terra do Sol Nascente, durante a divulgação de *Sheer Heart Attack* (no caso específico, uma reprodução em forma de brinquedo). Outro detalhe interessante sobre o trabalho da banda no estúdio é o uso frequente de *delays* no interlúdio vocal no meio da música. O efeito, é verdade, já havia sido utilizado por May em "Brighton Rock". Outro truque de destaque é o som de ventania aplicado à introdução da música obtido colocando microfones próximos a um aparelho de ar-condicionado. "The Prophet's Song" foi uma das primeiras músicas do Queen que vazou antes de seu lançamento. A fita com as primeiras mixagens foi parar nas mãos do DJ Kenneth Everett (o mesmo que viria a promover incansavelmente "Bohemian Rhapsody") para delírio dos fãs, que puderam conferir a música antes de sair em vinil (e para desespero de Brian May!).

Tocada ao vivo pela banda de 1975 a 1978.

Freddie Mercury: Vocais e vocais de apoio

Brian May: Guitarra Red Special, violão Gibson Hummingbird, vocais de apoio e Toy Koto

John Deacon: Baixo Fender Precision
Roger Taylor: Bateria Ludwig e vocais de apoio

LOVE OF MY LIFE

autoria: Freddie Mercury
arranjos: Freddie Mercury
produção: Roy Thomas Baker e Queen
engenharia e mixagem: Mike Stone,
Gary Lions / Freddie Mercury e Roy Thomas Baker
gravada em: Sarm, Roundhouse, Scorpios e Olympic – 1975

Se existem músicas que são unanimidades no catálogo do Queen, certamente "Love of My Life" faz parte delas. Principalmente em sua versão ao vivo (*Live Killers*) – e com destaque para a devoção dos brasileiros pela canção. Vale lembrar que em todas as oportunidades em que a banda esteve por aqui, esta balada romântica, composta por Freddie Mercury para Mary Austin – sua namorada durante seis anos – fez seu autor deixar a multidão cantá-la sozinha, tamanha foi a comoção causada pela música.

E a exemplo da maioria das faixas de *A Night at the Opera*, "Love of My Life" apresenta muitas peculiaridades em sua gravação. No estúdio, a banda quis caprichar no arranjo e decidiu incluir até a performance de uma harpa, tocada com muita dedicação por Brian May. O resultado final ouvido na faixa foi obtido com o recurso do *varispeed* e a edição de diversas fitas. O principal empecilho causado pelo uso da harpa, segundo Brian May, foi sua constante desafinação por conta das mudanças de temperatura no local. Para infelicidade da banda, toda vez que a porta do estúdio era aberta, horas e mais horas de trabalho eram perdidas.

Ainda sobre os detalhes das sessões, destaque para uma guitarra com efeitos provenientes do amplificador Deacy, utilizada especialmente para imitar o som de um violino, além do violão elétrico Gibson Hummingbird, adquirido por Brian na turnê japonesa, que fazia sua estreia em um álbum do Queen. O DVD *The Making of A Night at the Opera* (disponível no Brasil) também mostra como Freddie trabalhou no estúdio para obter o impressionante resultado na gravação de harmonias para a música.

Tocada ao vivo de 1977 a 1986, salvo em algumas apresentações de 1982.

Freddie Mercury: Vocal, vocais de apoio e piano
Brian May: Guitarra Red Special, amplificador Deaky, violão Gibson
Hummingbird e harpa
John Deacon: Baixo Fender Precision
Roger Taylor: Bateria Ludwig

GOOD COMPANY

autoria: Brian May
arranjos: Brian May
produção: Roy Thomas Baker e Queen
engenharia e mixagem: Mike Stone,
Gary Lions / Freddie Mercury, Roy Thomas Baker
gravada em: Sarm East, Olympic,
Scorpio e Rockfield – 1975

Nesta faixa estão presentes algumas das paixões de Brian na esfera musical: o gosto pelo ukelele, que ele aprendeu a tocar quando criança com seu pai, e o som nostálgico das Jazz Bands de Dixieland, típicas da região sul dos Estados Unidos.

Para chegar a um efeito parecido com as "Dixies", May fez quatro *overdubs* de guitarras para imitar os metais usados nas bandas de jazz. O resultado obtido (combinação de sua Red Special com o amplificador Deaky) foi simplesmente incrível. Tudo foi gravado nota por nota para que os timbres e as tessituras dos instrumentos fossem atingidos com precisão. Anos após a gravação de "Good Company", Brian May revelou, de forma bem-humorada, que jamais repetiria essa performance, embora tenha adorado o resultado conquistado no estúdio. A versão em DTS/ 5.1 de *A Night at the Opera* permite seu ouvinte curtir todos os detalhes de cada efeito gravado para se chegar ao som distinto dos instrumentos criados por Brian May em "Good Company".

Nunca tocada ao vivo pela banda.

Brian May: Vocal, guitarra Red Special, ukelele George Formby e vocais de apoio
John Deacon: Baixo Fender Precision
Roger Taylor: Bateria Ludwig

MASTERS

BOHEMIAN RHAPSODY

autoria: Freddie Mercury
arranjos: Freddie Mercury
produção: Roy Thomas Baker e Queen
engenharia e mixagem: Mike Stone,
Gary Lions / Freddie Mercury, Roy Thomas Baker
gravada em: Rockfield, Scorpio, Wessex,
Sarm West e Roundhouse – 1975

Veja capítulo especial sobre a gravação de "Bohemian Rhapsody" a seguir
Freddie Mercury: Vocal, vocais de apoio e piano
Brian May: Guitarra Red Special e vocais de apoio
John Deacon: Baixo Fender Precision
Roger Taylor: Bateria Ludwig, gongo Paiste e vocais de apoio

COMPOSIÇÕES DOS VOCAIS DE APOIO
Freddie Mercury: Sopranos, altos, tenores e baixos
Brian May: Altos e tenores
Roger Taylor: Sopranos, altos e tenores

GOD SAVE THE QUEEN

autoria: Autor desconhecido
arranjos: Brian May
produção: Roy Thomas Baker e Queen
engenharia e mixagem: Mike Stone
gravada em: Trident – 1974

Hino inglês, tributo ao Reino Unido (e, ironicamente, ao próprio nome da banda) regravado pelo Queen e arranjado por Brian May durante as sessões de *Sheer Heart Attack*.

Para obter um efeito que só o Queen conseguiria naquele momento da história do rock, dominado pelos excessos do glam, May gravou nada menos que cerca 15 guitarras sobrepostas para soarem como uma poderosa orquestra!

Brian May: Guitarra Red Special e amplificador Deacy
John Deacon: Baixo Fender Precision
Roger Taylor: Bateria Ludwig

O MAKING OF DE "BOHEMIAN RHAPSODY"

"Bohemian Rhapsody" – ou o "brinquedo de Freddie" como era apelidada antes de ser batizada no final das sessões de *A Night at the Opera* – foi lançada como *single* no Dia das Bruxas de 1975, muito a contragosto da EMI (que acreditava ser uma faixa "muito longa" para o rádio), este épico provou ser, até hoje, uma das mais criativas peças musicais já compostas no universo pop. Tamanho sucesso foi colocado à prova quando, quase duas décadas mais tarde, em 1991, "Bohemian Rhapsody" foi relançada como *single*, logo após a trágica morte de seu idealizador. Mesmo assim, atingiu o topo das paradas, provando que seu sucesso era inegável.

O título "Rhapsody" (Rapsódia) vem da época do romantismo – uma espécie de terminologia utilizada para classificar as obras que não possuíam um estilo fixo, ou que misturavam estilos distintos. Assim é "BoRap" (como também era carinhosamente chamada pelo Queen): uma obra sem estrutura fixa e que combina rock, pop, ópera e heavy metal, com uma dinâmica impressionante sem que o ouvinte sinta qualquer mudança brusca.

As sessões de gravação de "Bohemian Rhapsody" tiveram início em 24 de agosto de 1975, no estúdio Rockfield 1, logo após três semanas de árduos ensaios em Herefordshire. Para compor esta verdadeira "odisseia" pop, nada menos que cinco estúdios foram ocupados pelo Queen. Além do supracitado Rockfield, a banda trabalhou em regime de "mutirão" nos estúdios Sarm West, Wessex, Scorpion e Roundhouse. No fim das contas, a faixa se transformou em um dos projetos mais caros desde que os Beatles apresentaram ao mundo o seu *magnum opus*, *Sgt. Pepper's Lonely Hearts Club Band*, em junho de 1967, no famoso "Verão do Amor".

GÊNESE DA RAPSÓDIA

O esqueleto de "Bohemian Rhapsody" começou a ser montado no decorrer de três sessões espalhadas pelo Rockfield e Scorpion, usando, a princípio, as performances de piano, bateria e baixo. Para que a "ópera" fosse montada mais tarde, 30 segundos foram deixados em branco como espaço reservado para arranjos futuros.

O produtor Roy Thomas Baker revelou anos mais tarde que seu primeiro contato com a música aconteceu após um jantar com Freddie Mercury,

no qual seu compositor explicou as ideias básicas para seu "bebê". Virou até lenda: no momento em que Freddie revelou como seria a sequência operística da canção, Baker conta que todos – sem exceção – caíram na gargalhada, sem acreditar no que ouviam. Uma ópera? Não poderia ser verdade. Mas Freddie Mercury – como a história viria provar – riria por último.

SEÇÃO "HEAVY METAL"

A seção que apresenta ao público a performance mais pesada de "Bohemian Rhapsody" foi registrada no estúdio Wessex, com uma base composta por piano, bateria, baixo e alguns vocais de apoio, gravados para aproveitar o máximo este trecho da fita. Segundo o produtor Roy Thomas Baker, a maior dificuldade encontrada durante estas sessões foi a de gravar os vocais de apoio sem ter uma voz principal como guia.

SEÇÃO "OPERA-ROCK"

Já o maior destaque em "Bohemian Rhapsody" só poderia ficar por conta do trecho que mescla a ópera ao rock. Sem dúvida alguma, com a criação desta combinação exótica de vocais, o Queen comprovava que ainda era possível fazer música pop de qualidade e surpreender o seu ouvinte. Esse pioneirismo foi atingido da seguinte forma: cada vocalista da banda (Brian, Freddie e Roger) registrou seus vocais por três vezes seguidas até combinar seus trechos em apenas uma mixagem. Para obter o resultado, foi utilizada uma mesa de 24 canais onde cada parte foi moldada até ficar com uma sonoridade uniforme. Para se ter uma ideia, os trechos em que a banda canta "Gallileo" foram gravados cerca de 180 vezes.

GRAVAÇÃO DOS INSTRUMENTOS

A seguir, um exemplo de como os instrumentos foram gravados e uma amostra da forma como o Queen se posicionou no estúdio para "Bohemian Rhapsody".

Roger Taylor – Sua bateria contou com inúmeros pratos e tom-tons que seriam mais tarde mixados com efeitos de *panning* da esquerda para a direita no estéreo. Um sino tocado por ele aparece na parte "send shivers down my spine" ("sinto arrepios em minha espinha"). O efeito de *panning* também foi aplicado neste trecho durante a mixagem. Outro item exótico tocado por Taylor aparece apenas no final da música: o gongo!

John Deacon – Já a gravação do fiel Fender Precision de Deacon foi realizada diretamente na mesa de som. Seu baixo recebeu um pouco do efeito de compressão para ganhar mais sustentação no *mix* final.

Brian May – Ao todo, 11 guitarras distintas foram aplicadas em "Bohemian Rhapsody". O instrumento foi usado da seguinte forma na canção: Para a primeira seção de "Bohemian Rhapsody", Brian construiu a base de seu solo de guitarra, gravando três partes idênticas, que acompanham a melodia do piano. Já na seção opera-rock, duas guitarras trabalham em uníssono, enquanto uma terceira, também tocada por Brian May, entra em cena fazendo algumas frases curtas. Até a parte da orquestração final, mais cinco guitarras aparecem na gravação – todas plugadas ao VOX AC 30. Aqui as diferenças podem ser detectadas pelas diversas combinações dos captadores da Red Special de Brian May.

Freddie Mercury – Dois microfones capturaram todo o som produzido pelo piano Bechstein, tocado por Freddie Mercury – que, sem dúvida, é o instrumento-líder da canção. A perfeita mixagem foi garantida pelo time de fiéis engenheiros, Mike Stone, Geoff Workmane e Gary Lions,

que tiveram inúmeros consoles à sua disposição durante as gravações: uma mesa customizada em Rockfield, uma Blue Neve em Wessex, e uma Cadac no estúdio Roundhouse. A mixagem final foi realizada no console Trident B, instalado no estúdio Sarm, em Londres.

"QUEBRA CABEÇA" DA RAPSÓDIA

Para montar esta verdadeira odisseia artística chamada "Bohemian Rhapsody", o principal problema encontrado pelos engenheiros foi juntar as peças do quebra-cabeça musical. Tarefa, a propósito, que só a mente criativa de Mercury parecia saber executar. Na época das sessões, o estúdio Sarm havia adquirido um sistema chamado VCA que foi o primeiro de mixagem computadorizada. Este sistema foi aplicado para construir a seção de ópera de "Bohemian Rhapsody", mas como ele provocava uma leve distorção no som, não foi utilizado na parte mais "pesada" da canção. Neste trecho, todo o trabalho foi executado manualmente, como era mais comum na década de 70.

Em entrevista à revista *Sound on Sound*, Roy Thomas Baker revelou que, devido à grande quantidade de *overdubs* que o Queen fazia o som geralmente tendia a sair "saturado", o que acabou se tornando uma marca-registrada da banda. Apesar disso, Baker revelou ainda que este perfil chegou a ser alterado excepcionalmente em *A Night at the Opera*, devido, principalmente, à tecnologia usada nos estúdios Sarm.

NO BAÚ DE *A NIGHT AT THE OPERA*

Música trabalhada nas sessões, mas que ficou de fora do álbum: "Keep Yourself Alive – Long Lost Retake".

QUEEN

— OS ÁLBUNS —

CAPÍTULO 5

A Day at the Races

Após ensaiar uma pequena revolução no mundo do rock em seus primeiros trabalhos, finalmente, com *A Night at the Opera*, o Queen alcançaria o tão merecido e almejado sucesso. O álbum vendeu muito bem. O *single* "Bohemian Rhapsody" atingiu o almejado número 1 nas paradas britânicas e em vários países. Melhor do que isso, deu à banda a chance de sanar suas dívidas e sair do "olho do furacão" com algum lucro. Parecia mesmo uma ópera, recheada de dramas e lágrimas. Mas, desta vez, graças ao poder criativo da banda a ópera ganharia um final feliz.

Para divulgar e comemorar o sucesso do álbum a banda saiu em turnê pelo Reino Unido, de novembro a dezembro de 1975, com um memorável show na véspera de natal no Hammersmith em Londres. Em seguida, era a vez da sedutora América, onde tocaram de janeiro a março de 1976. Entre março e abril daquele ano, a vez foi dos fãs da Terra do Sol Nascente. Por fim, o Queen ainda teria fôlego para atingir a longínqua Austrália, em abril do mesmo ano. Em tempo: vale lembrar que, ao chegar nos Estados Unidos, eles apresentariam ao mundo o seu novo *road manager*: Gary Stickells, que ocupou o lugar de Jack Nelson para gerenciar os negócios do grupo. Stickells trazia em seu currículo a honra de ter trabalhado como *roadie* de um guitarrista que atendia pelo nome de Jimi Hendrix.

Após o final da parte australiana da excursão, as merecidas férias. Em julho, no auge do verão no hemisfério norte, já era tempo de retornar às gravações e preparar o sucessor de seu vencedor *A Night at the Opera*. E justamente por ter sido um campeão entre crítica e público, o grande obstáculo seria provar que o LP não tinha sido apenas "chuva de verão". Freddie Mercury fez questão de ressaltar o comprometimento da banda naquele instante crucial: "Nós tentamos sempre progredir, escrever canções diferentes do passado. O primeiro álbum é fácil, porque você tem um monte de ideias na cabeça, e vai só colocando-as em prática. Conforme os álbuns vão passando, você pensa: Será que dirão que estamos repetindo a fórmula?"

AS SESSÕES

As gravações do LP que viria a se chamar *A Day at the Races* começaram no Manor Studios, em Wessex, em julho de 1976. Com os próximos shows marcados apenas para janeiro do ano seguinte, aparentemente o Queen teria bastante tempo para se dedicar à produção das novas músicas. As primeiras a serem registradas em fita foram faixas já trabalhadas pelo grupo: "Tie Your Mother Down", de 1975 e "Teo Torriate (Let Us Cling Together)", iniciada após a turnê de *Sheer Heart Attack*. As mais recentes "You Take My Breath Away" e "Somebody to Love" também começaram a ganhar forma.

Para a produção do novo disco, o Queen tentou contatar Roy Thomas Baker. Mas, por conta de uma agenda apertadíssima, Baker não

QUEEN EM DISCOS E CANÇÕES

pôde aceitar o convite. A saída escolhida foi dividir as tarefas entre os membros do grupo, o que não representou qualquer problema, já que os músicos já acumulavam experiência de quatro álbuns onde haviam compartilhado a função. O único membro do Queen incomodado com a ausência de Roy foi John Deacon. Naquele momento crucial de afirmação para o grupo, o contrabaixista declarou: "Nós precisávamos dele porque ele realmente sabia fazer as coisas funcionarem; Roy sabia por nossas ideias em prática."

Com a impossibilidade de contar com o experiente produtor, o Queen tentou se garantir com o já parceiro de outras empreitadas: Mike Stone, engenheiro de som, que ainda seria brindado pela banda com a chance de poder cantar em uma das faixas do álbum em produção: "Good Old Fashioned Lover Boy".

Em setembro o Queen é obrigado a interromper as sessões para uma inesperada miniexcursão pelo Reino Unido. Entre as quatro datas marcadas na Terra da Rainha estaria o show que ficaria na memória dos fãs, realizado no tradicional Hyde Park, em Londres, no dia 18, onde se apresentaram para mais de 150 mil pessoas. O espetáculo, na verdade, ficou simbolicamente registrado como uma forma de agradecimento ao sucesso comercial de *A Night at the Opera*. Registrado pelas câmeras, este show é considerado até hoje uma amostra clara do poder e eficácia que a banda tinha sobre um palco. Sorte, então, de quem conseguiu ir a um desses shows. Os fãs tiveram

MASTERS

a chance de ouvir canções novíssimas, antes mesmo de elas entrarem no vinil que estava no forno do Queen. Entre elas: "Tie Your Mother Down" e "You Take My Breath Away".

Com o final dos inesperados compromissos, o Queen arregaçou as mangas para terminar o que havia começado. Mais sessões foram organizadas no Sarm West, em Wessex, para concluir *A Day at the Races*. Nessa fase, a banda se superaria na quantidade de *takes* e *overdubs*. Nada menos que cerca de 100 vozes seriam adicionadas em "Somebody to Love" e 20 sobreposições de guitarra em "The Millionaire Waltz". Sinal dos tempos e perfeccionismo do grupo. Fato é que, com a chance de poder usar uma mesa de estúdio com 24 canais ao invés dos costumeiros 16, a diferença na qualidade das gravações ficaria evidente quando o novo LP ficasse pronto. Sem falar que o trabalho genial de Mike Stone garantiria ao álbum um nível de excelência sem parâmetros para o Queen, tanto nas mixagens quanto na dinâmica das gravações.

O LANÇAMENTO

Para que não ficasse qualquer dúvida, a própria banda veio a público admitir que *A Day at the Races* havia sido concebido como uma espécie de sequência cinematográfica de *A Night at the Opera*. Cientes do sucesso obtido por seu antecessor, o Queen apanhou os elementos bem-sucedidos do disco e os usou para renovar o "guarda-roupa" do novo álbum. De fato, o conteúdo do disco não poderia ter ficado muito diferente, já que muitas das músicas haviam surgido durante o processo de *A Night at the Opera*. O título do álbum, assim como em seu "irmão" mais velho, foi tirado de um filme dos irmãos Marx, lançado em 1937.

No clima das corridas de cavalo, como sugere o nome do trabalho, o Queen fez uma aparição especial durante as corridas de turfe em Kempton Park. Na mesma tarde, apresentaram-se outras duas bandas: The Marmelades e The Tremeloes. Mas a nota mais curiosa sobre o evento ficou para o final da corrida. Ao ser entrevistado sobre o potencial vencedor do páreo, o quarteto foi unânime em declarar o cavalo Lanzarotte, montado por John Fracombe, como favorito. Se foi marmelada, não se sabe. Mas não deu outra: Lanzarotte cruzou o disco final em primeiro.

SUCESSO COMERCIAL

Assim como ocorrera com *A Night at the Opera*, *A Day at the Races* atingiria o topo das paradas britânicas e o quinto lugar nos EUA. Na sonhada e difícil América, o desempenho, apesar de inferior, foi bastante razoável. Já as críticas foram bastante distintas. Enquanto o jornal *Winnipeg Free Press* elogiou bastante o LP e o comparou em muitos pontos com *A Night at the Opera*, o inglês *NME* usou seu influente espaço entre os jovens para malhar a banda e o álbum. Na crítica, assinada por Nick Kent, o jornalista acusou o Queen de ser "narcisista e autoindulgente". Ainda assim, a música de boa qualidade falou mais alto entre os fãs, que adoraram o trabalho de forma geral.

A DAY AT THE RACES – FAIXA A FAIXA

TIE YOUR MOTHER DOWN
autoria: Brian May | arranjos: Brian May
produção: Queen
engenharia e mixagem: Mike Stone
gravada em: London Manor – 1976

Classificada pelo influente *The Times* como "sheer bloody poetry" – algo como "uma poesia de doentes" – o Queen não pensou duas vezes para incluir a crítica sobre a música no encarte do disco. Afinal, não seria nada mal usar o ponto de vista de um dos mais conceituados jornais de todo o mundo como publicidade.

"Tie Your Mother Down" foi composta em Tenerife (Espanha), nas Ilhas Canárias, quando Brian May se dedicava aos estudos para completar seu doutorado em Astronomia, no início de 1975. Brian lembra que após estudar o dia inteiro, decidiu subir pelas montanhas com um pequeno violão, onde ficou experimentando alguns *riffs* até chegar ao trecho que seria transformado na faixa do álbum tempos mais tarde. A ideia para o título da canção – com sua base melódica inspirada por Rory Gallagher – veio logo em seguida, e foi mantida por Freddie Mercury que fez a cabeça de seu compositor para não mudá-lo. Já a letra, que a princípio pode dar a entender que Brian gostaria de ver sua mãe "amarrada", foi apenas uma tentativa de reproduzir uma travessura

MASTERS

adolescente. Em seus sonhos, a garotada gostaria de poder um dia amarrar seus pais em casa para ter uma chance de curtir a noite! Pura diversão rock and roll.

No estúdio, Brian ainda tocou harmônio em uma introdução instrumental de aproximadamente um minuto de duração, tendo como base o tema de "Teo Torriate" – faixa que seria usada para fechar o álbum. Outra curiosidade está no *slide* de vidro usado por May – atributo que também contou com a influência de Roy Gallagher. Durante as gravações de "Tie Your Mother Down", Brian imaginou usar a faixa como abertura nos shows, com o máximo de efeitos especiais: fumaça, luzes, explosões... Por conta disso, o Queen gravaria o clipe promocional durante a passagem de som da turnê norte-americana, em Nova Iorque, em fevereiro de 1977. A direção do vídeo ficou a cargo de Bruce Growers.

Lançada como *single* "Tie Your Mother Down" alcançou apenas a modesta posição 31 nas paradas britânicas e apenas a de número 49 nos EUA.

Freddie Mercury: Vocal e vocais de apoio
Brian May: Guitarra Red Special, harmônio e vocais de apoio
John Deacon: Baixo Fender Precision
Roger Taylor: Bateria Ludwig e vocais de apoio

YOU TAKE MY BREATH AWAY

autoria: Freddie Mercury
arranjos: Freddie Mercury | produção: Queen
engenharia e mixagem: Mike Stone
gravada em: London Manor, Wessex e Sarm – 1976

Escrita por Freddie Mercury e inspirada por seu amante da época, David Minns (e não por Mary Austin, como era suposto), "You Take My Breath Away" é uma faixa recheada de *overdubs*. Freddie utilizou a escala menor harmônica como base para construir a música, em que todos os vocais da gravação foram executados por ele. Além, claro, de sua performance estilizada e indefectível ao piano. Um ponto interessante da faixa é o interlúdio entre a canção e "Long Away", que começa com um vocal de Mercury cheio de eco e repetido inúmeras vezes até que ele canta o título da música.

A respeito da canção, Mercury negou veementemente as acusações de que o Queen era "sofisticado" demais, com tantos *overdubs*. Segundo ele, a verdade era que muitas músicas compostas pelo grupo exigiam um tratamento mais complexo. O que ficava claro para os amantes do Queen, mais do que para qualquer outro crítico.

"You Take My Breath Away" foi uma das canções apresentadas ao público antes mesmo de sua inclusão no álbum, e tocada ao vivo até 1977 quando foi substituída no set por "My Melancholy Blues" no Earl's Court, em Londres. Durante o show, um dos amplificadores VOX AC 30 (ele utilizava 12 deles em cada espetáculo) de Brian May explodiu, fato que pode ser visto no vídeo do show e na coletânea de vídeos *Rare Live*.

Freddie Mercury: Vocais, piano e vocais de apoio
Brian May: Guitarra Red Special e amplificador Deacy
John Deacon: Baixo Fender Precision
Roger Taylor: Bateria Ludwig

LONG AWAY

autoria: Brian May | arranjos: Brian May
produção: Queen | engenharia e mixagem: Mike Stone
gravada em: London Manor, Wessex e Sarm – 1976

Nunca foi segredo que Brian May sempre se mostrou desconfortável com o estilo de vida, digamos, "atribulado" de um *rock star*. Entre todos os membros do Queen, May era o mais conservador, embora fosse o que mais curtisse as faixas pesadas, com uma pegada bem roqueira.

Ainda assim, Brian May compôs e se arriscou como vocalista principal de "Long Way" – uma das canções que ele sempre desejou ter lançado como *single*, mas que acabou vetada por seus companheiros. A letra reflete de forma sutil o desconforto de Brian com o "rock and roll way of life".

No final da história, a música acabou saindo em um 7 polegadas nos Estados Unidos, com "You and I" no lado B – o primeiro *single* sem a presença de Freddie Mercury como vocalista principal.

No estúdio, Brian May utilizou uma guitarra Burns Bison Double de 12 cordas pertencente a Roger Taylor, além de sua fiel Red Special. A princípio, Brian queria usar uma Rickenbacker em homenagem ao ídolo John Lennon, mas não conseguiu se adaptar ao braço da guitarra.

"Long Way" chegou a ser ensaiada para a turnê americana de *A Day at the Races*, com Mercury nos vocais principais. Porém, a banda nunca chegou a apresentá-la ao vivo, até a turnê com Paul Rodgers em 2008.

Freddie Mercury: Vocais de apoio
Brian May: Vocal, guitarra Red Special, guitarra Baldwin Burns de 12 cordas e vocais de apoio
John Deacon: Baixo Fender Precision
Roger Taylor: Bateria Ludwig e vocais de apoio

THE MILLIONAIRE WALTZ
autoria: Freddie Mercury | arranjos: Freddie Mercury
produção: Queen | engenharia e mixagem: Mike Stone
gravada em: London Manor, Wessex e Sarm – 1976

Dedicada a John Reid – empresário que entrou em cena para socorrer o Queen no momento em que banda se via numa encruzilhada financeira antes do lançamento de *A Night at the Opera*. Assim como em "Bohemian Rhapsody", "The Millionaire Waltz" é uma canção com muitos arranjos complexos e variações harmônicas, uma produção que já começava a virar marca registrada na banda. Para se ter uma ideia, Brian May gravou nada menos que vinte *overdubs* de guitarra com sua fiel Red Special acoplada ao amplificador Deacy, costumizado por John Deacon, especialmente para o guitarrista.

Inspirados pelo resultado obtido em "Good Company" (de *A Night at the Opera*), onde o Queen simulou a sonoridade de uma banda de jazz para compor o arranjo. Aqui Brian tenta simular os sons de uma orquestra filarmônica.

Freddie Mercury revelaria anos mais tarde que "The Millionaire Waltz" era uma de suas favoritas entre as execuções de John Deacon.

O vocalista nunca segredou que canções com temas orquestrais eram de sua preferência. Mercury definia esse tipo de música como "valsas de Strauss".

Tocada ao vivo entre 1977 e 1978, nas turnês de *A Day at the Races* e *News of the World*.

Freddie Mercury: Vocais, piano e vocais de apoio
Brian May: Orquestra de guitarras, amplificador Deacy e vocais de apoio
John Deacon: Baixo Fender Precision
Roger Taylor: Bateria Ludwig e vocais de apoio

YOU AND I

autoria: John Deacon | arranjos: John Deacon
produção: Queen
engenharia e mixagem: Mike Stone
gravada em: London Manor, Wessex e Sarm – 1976

Assim como a maioria das canções assinadas por John Deacon, a letra de "You and I" é uma ode à esposa Veronica. Até aí nenhuma novidade. O fator distinto da faixa é o violão – tocado por Deacon – e gravado curiosamente após o registro dos vocais. Na mixagem final, entretanto, pouco se ouve do instrumento.

"You and I" foi lançada como lado B do *single* "Long Away" (apenas nos Estados Unidos) e nunca apresentada ao vivo pelo Queen.

Freddie Mercury: Vocais, piano e vocais de apoio
Brian May: Guitarra Red Special e vocais de apoio
John Deacon: Baixo Fender Precision e violão
Roger Taylor: Bateria Ludwig e vocais de apoio

SOMEBODY TO LOVE

autoria: Freddie Mercury
arranjos: Freddie Mercury
produção: Queen
engenharia e mixagem: Mike Stone
gravada em: London Manor, Wessex e Sarm – 1976

"Somebody to Love": o *single*, o clássico e uma das canções favoritas de Freddie Mercury, assinada pelo mesmo. Composta durante as gravações de *A Night at the Opera*, esta joia da coroa da banda apresenta um arranjo vocal complexo que precisou de cerca de 100 *overdubs* para satisfazer a exigente produção conduzida pelo grupo. Com uma letra de cunho espiritual e roupagem gospel – influenciada diretamente por Aretha Franklin – a música também apresenta suas controvérsias: ao mesmo tempo em que aparenta ser um "hino religioso", seus versos servem como veículo para demonstrar a falta de fé de seu autor no Deus hebreu. Fica claro o questionamento de Freddie ao indagar por que Deus ainda não havia enviado a ele um amor de verdade, já que tinha feito tudo de acordo com as normas divinas. Vale

MASTERS

lembrar aos fãs e apreciadores do gospel feito pelo Queen: mais exemplos do gênero podem ser apreciados nas canções "All God's People" (*Innuendo*) e "Let Me Live" (*Made in Heaven*).

Em seu lançamento comercial como *single*, "Somebody to Love" conquistou a 2ª posição nas paradas britânicas e a 13ª nas paradas americanas. Antes tarde do que nunca, quando lançada posteriormente, em 1993, com George Michael nos vocais (extraída de *Tributo a Freddie Mercury*), a canção atingiria o topo das paradas no Reino Unido.

Freddie Mercury: Vocais, piano e vocais de apoio
Brian May: Guitarra Red Special e vocais de apoio
John Deacon: Baixo Fender Precision
Roger Taylor: Bateria Ludwig e vocais de apoio

WHITE MAN
autoria: Brian May | arranjos: Brian May
produção: Queen | engenharia e mixagem: Mike Stone
gravada em: London Manor, Wessex e Sarm – 1976

O som pesado do Queen volta à pauta de *A Day at the Races*. Cortesia – claro – de Brian May. Seus versos inovam, ao trazer à tona um tema, no mínimo, polêmico: a situação dos nativos americanos ao serem dominados pelos exploradores europeus. A inspiração veio do *best-seller Enterrem Meu Coração na Curva do Rio*, de Dee Brown, lançado em 1970. No refrão da letra, Freddie se esforça para simular o canto das tribos, balbuciando "white man, white man...". Embora a motivação original da composição tenha sido os indígenas, Brian May veio a público anos após a era de *A Day at the Races* ressaltar que o tema central da canção seria realmente os conflitos raciais nos Estados Unidos, que atingiram o auge com o movimento conhecido como Panteras Negras. De qualquer ponto de vista, a letra atua de forma forte e ambígua.

No estúdio, Brian May optou por afinar a sexta corda de sua guitarra em ré (D), recurso usado atualmente – e com frequência – pelas bandas que fazem White Metal. Tudo para alcançar um peso maior nas gravações.

"White Man" foi apresentada ao vivo pelo Queen nas turnês de *A Day at the Races* e *News of the World*, sempre interpolada com "The Prophet's Song".

Freddie Mercury: Vocais e vocais de apoio
Brian May: Guitarra Red Special e vocais de apoio
John Deacon: Baixo Fender Precision
Roger Taylor: Bateria Ludwig e vocais de apoio

GOOD OLD FASHIONED LOVER BOY

autoria: Freddie Mercury
arranjos: Freddie Mercury
produção: Queen | engenharia e mixagem: Mike Stone
gravada em: London Manor, Wessex e Sarm – 1976

"Good Old Fashioned Lover Boy" é mais um dos brilhantes temas *vaudeville* compostos por Freddie Mercury, que seria escolhida como lado A de um *single* somente lançado no mercado japonês, acompanhado de "Teo Torreate". A curiosidade aqui é a participação de Mike Stone nos vocais – uma homenagem do Queen à contribuição efetiva do engenheiro de som ao legado do grupo.

Uma apresentação no programa *Top of the Pops* foi capturada para integrar a compilação de vídeos *Greatest Video Hits II*, que conta com uma base instrumental mais pesada, gravada após o lançamento de *A Day at the Races*.

Freddie Mercury: Vocais, piano e vocais de apoio
Brian May: Guitarra Red Special e vocais de apoio
John Deacon: Baixo Fender Precision
Roger Taylor: Bateria Ludwig e vocais de apoio
Mike Stone: Vocal

DROWSE

autoria: Roger Taylor | arranjos: Roger Taylor
produção: Queen | engenharia e mixagem: Mike Stone
gravada em: London Manor, Wessex e Sarm – 1976

Roger Taylor ressurge como vocalista em "Drowse" (tema escrito no compasso 6/8), mas sua participação na gravação não se resume apenas a isso. Além de cantar – e assinar a autoria da composição – o baterista assume as baquetas, a guitarra elétrica e o tímpano. Nas sessões, Brian May cui-

MASTERS

dou do belo arranjo de *slide guitar*. Após anos de especulação, Taylor viria a público revelar o trecho final da letra: "I think I will be Clint Eastwood / Jimi Hendrix was good / Let's try William the Conqueror / Now who else do I like?" ("Acho que serei Clint Eastwood / Jimi Hendrix era bom / Vamos tentar William, o conquistador /Agora, de quem mais eu gosto?").

Nunca tocada ao vivo pelo Queen.

Roger Taylor: Vocais, bateria, vocais de apoio e guitarra Fender Stratocaster

John Deacon: Baixo Fender Precision

Brian May: Guitarra Red Special com slide

TEO TORRIATE (LET US CLINT TOGETHER)

autoria: Brian May e Chika Kujiraoka
arranjos: Brian May
produção: Queen
engenharia e mixagem: Mike Stone
gravada em: London Manor, Wessex e Sarm – 1976

Além da música e apresentações ao vivo sem paralelos no rock, o Queen é uma banda conhecida por não se esquecer de seus fãs. A primeira homenagem da banda a seus seguidores acontece nesta faixa. "Teo Torriate" é uma forma de agradecimento aos discípulos japoneses que abriram as portas da Terra do Sol Nascente com calor e carinho para o grupo durante a turnê *Sheer Heart Attack*. Quem acompanha a banda já sabe que o Queen iria repetir o gesto em "Las Palabras de Amor" anos mais tarde, como agradecimento ao povo latino (Brasil, inclusive) no LP *Hot Space*.

O tratamento dado no estúdio a "Teo Torriate" foi ímpar. A canção inteira foi executada em dois pianos. Já a letra contou com a participação de Chika Kujiraoka, que adaptou o refrão da música "Let us Cling..." ("Vamos ficar...") para o idioma japonês. Tudo feito para agradar os fãs daquele país.

Um grupo de jovens vocalistas (sem identificação nos documentos do estúdio London Manor, pelo menos) contribui com a gravação de harmonias para a faixa.

"Teo Torriate" foi executada ao vivo pelo Queen somente no Japão nos anos de 1979, 1981 e 1982. Quando lançada como *single*, a música atingiu com facilidade a primeira posição das paradas japonesas.

Freddie Mercury: Vocais e vocais de apoio
Brian May: Piano, plastic piano Yamaha, harmônio, guitarra Red Special e vocais de apoio
John Deacon: Baixo Fender Precision
Roger Taylor: Bateria Ludwig e vocais de apoio

NO BAÚ DE *A DAY AT THE RACES*

Música trabalhada nas sessões, mas que ficou de fora do álbum: "Let me Live".

QUEEN

OS ÁLBUNS

CAPÍTULO 6

News of the World

Em 1977, o mundo da música se preparava para viver uma revolução das mais conturbadas. Nascia no Reino Unido, de forma brusca e violenta, o punk rock, que unia a anarquia e a revolta juvenil ao som de vocais estridentes e canções de apenas três acordes, tocadas geralmente por roqueiros que não eram muito bons tecnicamente!

Durante esse período algumas bandas e artistas pop praticamente sumiram do mapa. Todos os valores vigentes, como virtuosismo, composição, fusão de estilos, tudo isso foi soterrado pela avalanche punk. E no olho desse furacão rebelde estava o Queen. Uma crise de identidade pairou sobre a banda. O que fazer? Abandonar o estilo rebuscado de seus arranjos e se adaptar ao movimento ou manter sua postura de forma radical? A saída escolhida não foi nenhuma dessas.

MASTERS

Entre jogar fora a assinatura do grupo ou manter a extravagância, Freddie, Brian, John e Roger decidiram gravar o próximo álbum – que viria a se chamar *News of the World* – com arranjos levemente diferentes. O disco teria de ser mais direto, cru, mas não poderia abandonar de forma alguma a marca registrada do Queen. Talvez, justamente por não ter cedido à tentação punk, o Queen tenha sido um dos poucos grupos a saírem ilesos dessa avalanche rebelde.

Após o lançamento de *A Day at the Races* em novembro de 1976, o Queen decidiu que só sairia em turnê no ano seguinte e que a excursão começaria na América do Norte, como se tornara tradição. De 13 de janeiro a 18 de março, a banda completou a impressionante marca de 41 shows em território americano, mas com um detalhe: de forma diferente das turnês anteriores, quando se apresentou nos pequenos teatros americanos, os palcos reservados para o Queen agora eram bem maiores. Das arenas para os estádios, tais como Wings Stadium, em Michigan; Sports Arena, em San Diego; e Stadium, em Chicago.

No decorrer da turnê, quatro shows não aconteceram por motivos distintos. Por conta do inverno mais rigoroso dos últimos anos que tomou conta dos EUA, caminhões-tanque que levavam combustível para o Hara Arena, em Ohio, acabaram com o produto congelado! Assim, duas datas programadas para a cidade foram canceladas. Pior ainda, complicações com a voz de Freddie fizeram com que os espetáculos em Sacramento e Fresno não acontecessem. Mas o show tinha de continuar... Após essa aventura na terra do Tio Sam, o Queen deu a si mesmo um mês de descanso merecido. Logo após o *break*, o grupo fez mais oito shows na Europa, seguidos por mais seis no Reino Unido. Depois, mais férias.

AS SESSÕES

Logo mais, em julho daquele ano, Roger Taylor teve a ideia de gravar quatro novas canções em seu estúdio particular: "Sheer Heart Attack", "Fight from the Inside", "Turn On TV" e uma versão de "I Wanna Testify", do Parliament. Em sua cabeça, as composições não cabiam dentro do repertório do Queen, e a ideia seguinte seria produzir um álbum solo com suas criações no futuro. Com as demos prontas, o baterista ligou para o velho amigo, Mike Stone, e pediu uma força para produzir as faixas no Basing Street Studios, em Londres. No meio do caminho, uma mudança de planos: a banda decide gravar um novo disco, e nele estariam duas dessas novas crias de Roger; "Sheer Heart Attack" e "Fight from the Inside".

Como no álbum anterior, a produção do LP ficaria a cargo do próprio grupo. Para a gravação do álbum o Queen adotou outro esquema de trabalho. Enquanto metade do grupo ficava no Basing Street gravando, a outra parte se empenhava no Wessex para completar mais canções. Somente duas canções foram produzidas com a banda completa: o (futuro) clássico "We Are the Champions" e "It's Late".

Em uma destas sessões no Wessex, o grupo cruzou com um dos nomes mais fortes do recente movimento punk, que gravava seu primeiro álbum por lá: os Sex Pistols – os mesmos que haviam substituído o Queen um ano antes no programa da ITV. Corre a lenda que Freddie e Sid Vicious se cruzaram e o rebelde perguntou – "Quer dizer que você vai trazer o balé às massas"? (Nota: Freddie alguns meses antes havia dado uma entrevista ao *NME* na qual dizia que gostaria de levar o balé às massas), Freddie calmamente respondeu: "Você é o tal Simon Feracious?"

Passados seis anos de sua aventura como uma banda das mais respeitada no *showbiz*, o Queen acumulava um cansaço indescritível. Shows, programas de TV, horas no estúdio, entrevistas... O perfil *workaholic* da banda havia atingido seu patamar naquele instante. Outro fator imperativo nas sessões foi o supracitado movimento punk. A soma dos fatores deu a cara para o próximo álbum: poucos *overdubs*, menos *takes* e menos tempo ainda dentro do estúdio. Para se traçar um paralelo, nos álbuns anteriores a *News of the World*, o Queen se dedicava em média quatro meses para aprontar tudo. Com a fadiga e todos os motivos extracurriculares à tona, o disco novo não demoraria tanto assim para nascer. Assim, após dois meses e meio aproximadamente, os fãs puderam curtir as novas canções. E nesse novo perfil adotado pelo Queen, o reflexo da economia no estúdio se refletiu na criação e produção das faixas. "Sleeping on the Sidewalk", por exemplo, foi consumada em apenas um *take*, com poucas correções feitas na pós-produção. Ao todo, apenas "Spread Your Wings" e "It's Late" teriam a duração superior a quatro minutos.

Ainda na onda das mudanças, a tradicional "etiqueta" avisando que não havia sintetizadores no disco desta vez seria omitida da capa. Tudo indica que a banda teria usado alguns teclados no arranjo de uma das faixas do LP (no caso, "Get Down, Make Love"). Sobre a aversão aos *synths*, Freddie Mercury comentou na época: "É fato que adquirimos uma certa

ARTE SCI-FI

Não era segredo que Roger Taylor era um grande apreciador de ficção científica. Ao ver uma imagem desenhada pelo artista Frank Kelly em uma revista especializada, o baterista ficou boquiaberto. A ilustração motivou o baterista a usar a figura na capa do LP, com autorização garantida por seu autor. O mais interessante é que Kelly não apenas deixaria o Queen usar seu trabalho como daria à sua criação um toque de classe, com uma versão personalizada, criada especialmente para a capa de *News of the World*. Tudo sob a direção artística de Roger. Mesmo com o sucesso comercial (número 3 entre os melhores dos EUA e 4º colocado no Reino Unido), *News of the World* foi recebido com bastante cinismo pelos críticos, de uma forma geral.

O *Washington Post* publicou: "A originalidade da banda está somente na utilização dos recursos de estúdio (...) o Queen é apenas uma mera cópia desbotada de outros ícones ingleses, como o The Who, os Beatles e o Led Zeppelin...". Para piorar, completou: "*News of the World* é uma cópia 'deflagrada' do *Álbum Branco*, dos Beatles..."

Já a revista especializada *Rolling Stone* foi um pouco mais "amigável". Ainda assim, não deixou de fazer algumas comparações descabidas, dizendo que "We Will Rock You" seria semelhante a um comício político feito por Leni Riefenstahl – atriz e diretora alemã ligada a Hitler e membro do terceiro Reich nazista!

NEWS OF THE WORLD – FAIXA A FAIXA

WE WILL ROCK YOU

autoria: Brian May | arranjos: Brian May
produção: Queen | engenharia e mixagem: Mike Stone
gravada em: Wessex e Sarm West – 1977

Um dos maiores *hits* da história do Queen. A ideia para a criação da música surgiu durante um concerto em Birmingham, em maio de 1977, onde a participação quente do público motivou Brian a compor algo que os fãs pudessem "interagir" com o grupo nas turnês. Como o próprio Brian comentou ao fim do show o público cantou em uníssono a típica canção britânica de Richard Rodgers e Oscar Hammerstein II, "You Never Walk Alone", que se tornou muito popular nos estádios de futebol, principalmente após ser gravada por Gerry and the Pacemakers.

No arranjo da faixa, o primeiro reflexo da "era punk": nada de arranjos complexos de piano e guitarras como nos álbuns anteriores. O requinte daria lugar ao inusitado. Ao invés de *overdubs* complexos à tradicional moda criada pelo Queen, a estrutura básica de "We Will Rock You" foi composta sem instrumentos, com os quatro músicos batendo os pés de forma simultânea no chão do tablado onde ficava a bateria de Roger. O efeito foi surpreendente, graças também à excelente acústica do estúdio Wessex. Roger Taylor revelou mais tarde que foi preciso repetir cerca de 15 vezes para que o arranjo ficasse da forma "grandiosa" como pode ser ouvido no *take* final. Para dar à gravação um "gran finale", Brian May preparou um solo bem diferente, econômico e com um timbre "furioso", proveniente de seu VOX AC 30 e seu pedal trebble booster.

"We Will Rock You" foi lançada como lado B do *single* "We Are the Champions" e atingiu um respeitável 2º lugar nas paradas britânicas. A decisão foi considerada um passo em falso dado pela EMI, já que o lado B era bem popular na Inglaterra. Nos EUA, a subsidiária Elektra foi mais esperta, e lançou o *single* com um lado A duplo. O resultado obtido nos EUA foi um pouco melhor considerando o mercado americano, chegando ao 4º lugar na *Billboard*. Um clipe para "We Will Rock You" foi gravado na mansão de Roger Taylor, onde a alegria da banda é visível. O motivo? Naquele mesmo dia, o Queen tinha rompido com o empresário John Reid, para cuidar de seus próprios negócios. Como resultado, a banda passaria a faturar mais. No vídeo, Brian aparece excepcionalmente com uma réplica fabricada por John Birch de sua Red Special. Como fazia muito frio naquele dia, o guitarrista não quis arriscar prejudicar a sua Red Special.

Em outubro de 1977, a banda visitou os estúdios da BBC, onde gravou duas versões da faixa especialmente para a emissora. Para essa produção foi usada a mesma base instrumental lançada em *News of the World*. Nesta

MASTERS

ocasião, houve acidentalmente uma incursão da leitura do poema "Siddharta", de Hermann Hess, com a banda incorporando o erro e batizando a faixa como "We Will Rock You" versão Siddharta.

Freddie Mercury: Vocais, vocais de apoio, palmas e percussão com os pés

Brian May: Guitarra Red Special, vocais de apoio, palmas e percussão com os pés

John Deacon: Palmas e percussão com os pés

Roger Taylor: Vocais de apoio, palmas e percussão com os pés

WE ARE THE CHAMPIONS

autoria: Freddie Mercury | arranjos: Freddie Mercury
produção: Queen | engenharia e mixagem: Mike Stone
gravada em: Wessex e Sarm West – 1977

Em um bate-papo sobre um dos assuntos favoritos dos britânicos – o futebol – Freddie Mercury ficou surpreso ao constatar que ninguém havia feito nenhuma canção sobre o tema até aquele momento. Assim, de uma conversa despretensiosa, nasceria um dos maiores hinos do Queen – "We Are the Champions" – canção que é tocada até hoje em 11 de cada 10 eventos esportivos em todo o planeta! Mesmo com seu conteúdo objetivo, a canção (composta em 1975) – como tudo relacionado à banda – sempre foi alvo de muita polêmica. "We Are the Champions" foi considerada pelos críticos uma resposta indireta à imprensa local pelo bombardeio que o Queen recebia desde seu primeiro disco. Apesar das suspeitas, o teor subliminar da letra foi desmentido por seu criador até o fim: "Eu certamente não pensava na imprensa musical britânica naquele tempo... a música pode ser considerada minha versão para 'My Way'... E certamente não foi fácil."

Brian May também foi contundente sobre o assunto: "A canção não significa que 'derrotamos' nosso público. Nós falamos que somos vencedores quando nos referimos aos nossos fãs", explicou. Para demonstrar na prática o seu discurso, a banda gravou um vídeo promocional em 6 de outubro de 1977, no New London Theater, quando centenas de fãs foram premiados com a chance de poder contracenar com seus heróis.

No estúdio, "We Are the Champions" já chegou quase pronta... Não demorou muito para a banda gravar a versão satisfatória. Tudo foi decidido no *take* 4, e Brian May também não levou muitos minutos para adicionar quatro guitarras à sua base instrumental. Um dado interessante é que após liberados os *multitrackings* da faixa, pode-se notar alguns pequenos erros de execução de Brian May que culminaram em um *track* sublime de guitarra. Após a mixagem, a faixa estava pronta para ser lançada como *single* e atingir a posição de número 2 nas paradas britânicas, acompanhada por "We Will Rock You".

"We Are the Champions" tem sido uma das favoritas da banda e do público nas apresentações ao vivo. Desde seu lançamento, nunca mais saiu do *setlist* das turnês, permanecendo, inclusive, no repertório atual dos shows do Queen + Adam Lambert.

Freddie Mercury: Vocal, piano Steinway Acoustic e vocais de apoio
Brian May: Guitarra Red Special
Roger Taylor: Bateria Ludwig
John Deacon: Baixo Fender Precision

SHEER HEART ATTACK

autoria: Roger Taylor | arranjos: Roger Taylor
produção: Queen | engenharia e mixagem: Mike Stone
gravada em: Wessex e Sarm West – 1977

Foi preciso, pelo menos, três álbuns para o Queen lançar "Sheer Heart Attack" comercialmente. A canção, assinada por Roger Taylor, entraria como faixa-título de seu terceiro disco, mas não foi finalizada em tempo de ser adicionada ao LP. Com a chegada das sessões de *News of the World* e o despertar do movimento punk, a música finalmente pode ver a luz do dia. "Sheer Heart Attack" (uma crítica ao movimento punk) foi recebida pela crítica como uma jogada de marketing da banda. Os jornalistas musicais acusaram o Queen de tentar aproveitar a onda musical "sem querer parecer aproveitadora", por conta de seus arranjos simples e diretos, típicos do punk inglês.

Ao contrário da canção registrada na demo (cantada por Roger), ficou decidido que Freddie assumiria os vocais na versão final. Como curiosidade, todas as guitarras e baixo seriam gravados com a afinação em meio tom abaixo do original, soando como um Eb (mi bemol) ao invés de E (mi maior). Ao vivo, entretanto, a música sempre foi apresentada em D (ré maior).

"Sheer Heart Attack" foi lançada como lado B de "Spread Your Wings" na Inglaterra e de "It's Late", nos EUA, alcançando apenas as posições 34º e 74º nas paradas de cada país, respectivamente.

Freddie Mercury: Vocal e vocais de apoio
Brian May: Guitarra Red Special
Roger Taylor: Bateria, guitarra Fender, vocais de apoio e baixo Fender Precision

ALL DEAD ALL DEAD

autoria: Brian May | arranjos: Brian May
produção: Queen | engenharia e mixagem: Mike Stone
gravada em: Wessex e Sarm West – 1977

"All Dead"? Seria a letra composta por Brian May uma referência a vítimas de um atentado terrorista? Nem tanto. Na verdade, a faixa assinada e cantada pelo guitarrista é um tributo composto a um gatinho que Brian adorava quando garoto. Esse gato pode ser visto em algumas fotos que mostram Brian tocando guitarra em casa quando adolescente. No estúdio, tudo foi cuidado com muito zelo por seu autor. Ao todo, 16 linhas de guitarra foram gravadas para simular o som de uma orquestra, com o apoio definitivo dos amplificadores VOX e Deacy, o que garantiu ao arranjo um efeito similar aos obtidos nas músicas "You've Take My Breath Away" e "The Millionaire Waltz". Brian também toca piano na faixa.

Como curiosidade, o encarte do LP traz um trecho da letra de "All Dead, All Dead" não usado na versão oficial, reproduzido aqui: "Memories, my memories/ how long can you stay, to haunt my days?" ("Memórias, minhas memórias / Por quanto tempo vocês podem permanecer para assombrar os meus dias?").

Nunca tocada ao vivo pelo Queen.

Brian May: Vocal, vocais de apoio, guitarras Red Special, amplificador Deacy e piano Steinway
Freddie Mercury: Vocais de apoio
John Deacon: Baixo Fender Precision
Roger Taylor: Bateria Ludwig

QUEEN EM DISCOS E CANÇÕES

SPREAD YOUR WINGS

autoria: John Deacon | arranjos: John Deacon
produção: Queen | engenharia e mixagem: Mike Stone
gravada em: Wessex e Sarm West – 1977

Esta canção composta por John Deacon é um exemplo das mudanças no estilo da banda. Com seu arranjo dominado pelo piano, a faixa até que lembrava as primeiras composições do Queen – só que com um arranjo muito mais simples, sem os refinados vocais de apoio.

Assim como "We Will Rock You", o vídeo promocional de "Spread Your Wings" foi produzido no mesmo dia, no quintal da mansão de Roger Taylor. Apesar de John aparecer tocando piano no vídeo, o mesmo é executado por Mercury na gravação.

Lançada como _single_ na Inglaterra, a música alcançou apenas um modesto número 34 nas paradas britânicas. "Spread Your Wings" também foi regravada especialmente para a rádio BBC em outubro de 1977, com um arranjo mais pesado.

Tocada ao vivo nas turnês de 1977 e 1979, e em alguns shows, entre 1982 e 1984.

Freddie Mercury: Vocal e piano Steinway
Brian May: Guitarra Red Special
John Deacon: Violão e baixo Fender Precision
Roger Taylor: Bateria Ludwig

FIGHT FROM THE INSIDE

autoria: Roger Taylor | arranjos: Roger Taylor
produção: Queen | engenharia e mixagem: Mike Stone
gravada em: Wessex e Sarm West – 1977

"Fight from the Inside", composta e interpretada por Roger Taylor, foi uma resposta direta aos jornalistas ingleses que costumavam detonar os chamados "dinossauros do rock", considerados por ele, de fato, como verdadeiros "clássicos" da música. A faixa, gravada no Basing Street Studios (originalmente para um álbum solo), apresentou novamente Taylor como um multi-instrumentista. Na gravação, além de dominar as baquetas,

109

MASTERS

o baterista também brilhou como cantor, contrabaixista e guitarrista, demonstrando toda sua versatilidade como músico. No estúdio, a canção foi desenvolvida tendo como base principal um *riff* de guitarra bem "funkeado". "Fight from the Inside" é também uma das primeiras canções do Queen sustentadas por baixo e bateria, já que a maioria das faixas produzidas anteriormente tinha como base a guitarra ou o piano.

Roger Taylor: Vocal, guitarra Fender Stratocaster, bateria Ludwig e baixo Fender Precision

Brian May: Guitarra Red Special

GET DOWN, MAKE LOVE

autoria: Freddie Mercury | arranjos: Queen
produção: Queen | engenharia e mixagem: Mike Stone
gravada em: Wessex e Sarm West – 1977

"Get Down, Make Love" é um exemplo clássico da mudança dos temas abordados por Freddie Mercury em suas composições. Das fadas e mundos fantásticos que marcaram as letras nos primeiros discos, Mercury começava a expor ao público um assunto que era tratado com discrição no início de sua carreira: a sexualidade.

No estúdio, o tratamento dado a canção foi bastante peculiar. O estilo mais "funkeado" (que viria a predominar em muitas faixas dos próximos discos do Queen) foi permeado por arranjos psicodélicos, inspirados por um clássico de outra poderosa banda inglesa: "Whole Lotta Love", do Led Zeppelin. A diferença na produção de "Get Down, Make Love" é simples. Nesta faixa, Brian May usou um pedal (o Electro harmonix frequency analyzer) acoplado à sua Red Special para simular o efeito obtido por Jimmy Page com o exótico theremin na gravação do Led. O resultado foi fantástico, e ficou ainda mais surreal nas apresentações ao vivo, quando as vocalizações de Freddie Mercury e os efeitos de iluminação, ajudavam a amplificar o som criado por Brian May com sua guitarra.

Freddie Mercury: Vocais e piano Steinway

Brian May: Guitarra Red Special

John Deacon: Baixo Fender Precision

Roger Taylor: Bateria Ludwig

SLEEPING ON THE SIDEWALK

autoria: Brian May
arranjos: Brian May
produção: Queen
engenharia e mixagem: Mike Stone
gravada em: Wessex e Sarm West –1977

Inspirada no som feito por Eric Clapton, "Sleeping on the Sidewalk" é a segunda incursão do Queen no mundo do blues, a primeira foi "See What a Fool I've Been". Sua letra – cantada e assinada por May – aborda o duro começo da carreira de um músico e sua escalada rumo ao sucesso.

Gravada em apenas um *take*, a canção é marcada por peculiaridades que a fazem ser uma das mais divertidas e interessantes de *News of the World*. Quando ouvida com os fones de ouvido, é possível detectar alguns erros na parte instrumental e uma gargalhada de Brian May no final da faixa. A performance vocal do guitarrista também vale destaque, com uma imitação bem-humorada do sotaque dos *bluesmen* norte-americanos. Sobre seu método criativo Brian comentou: "Eu apenas sentei e a compus de forma rápida e fiquei muito feliz com o resultado."

Um detalhe interessante sobre a faixa é que ela só foi executada uma vez pela banda no primeiro show da turnê em Portland (EUA), no dia 11/11/1977, com Mercury no vocal. Porém a banda não gostou do seu resultado, em função de Freddie não conseguir reproduzir o "sotaque americano" de May. Ela então nunca mais foi tocada ao vivo.

Brian May: Guitarra Red Special e vocal
John Deacon: Baixo Fender Precision
Roger Taylor: Bateria Ludwig

WHO NEEDS YOU

autoria: John Deacon
arranjos: John Deacon | produção: Queen
engenharia e mixagem: Mike Stone / John Deacon
gravada em: Wessex e Sarm West – 1977

"Who Needs You" ainda representa um dos maiores enigmas para os fãs do Queen. Quem gravou o solo de violão: Brian May ou John Deacon? Quem defende a performance do contrabaixista pode ter razão. Por ser o autor da música, seria bastante provável que ele guiasse a banda pela composição usando um violão. O único problema é que a gravação se assemelha bastante com o estilo de Brian May – o solista oficial da banda. O mistério permanece até hoje.

Além de apresentar aos fãs da banda o ritmo caribenho em uma faixa do Queen, "Who Needs You" traz algumas novidades na percussão, com Brian May nas maracas e Freddie Mercury no cowbell.

Nunca tocada ao vivo pela banda.

Freddie Mercury: Vocal e cowbell

Brian May: Violão, guitarra Red Special, amplificador Deaky e maracas

John Deacon: Violão

Roger Taylor: Percussão e bateria Ludwig

IT'S LATE

autoria: Brian May
arranjos: Brian May | produção: Queen
engenharia e mixagem: Mike Stone / Brian May
gravada em: Wessex e Sarm West – 1977

Ao lado de "We Are the Champions", esta faixa se destaca por ser uma das poucas gravadas com a presença dos quatro membros do Queen no mesmo estúdio. Sobre a parte criativa, Brian May revelou que a letra de "It's Late" (dividida em três atos) foi baseada em histórias de pessoas que ele conheceu ao longo de sua vida, e fala sobre os traumas do fim de um relacionamento. Ironicamente ela enfoca um tema que atordoaria Brian no futuro, o fim de seu relacionamento com Chrissie Mullen e o início do namoro com Anita Dobson, que viria a se tornar sua mulher até os dias de hoje.

Uma curiosidade sobre a produção de "It's Late" é que o som único da guitarra de Brian May foi alcançado pela inversão de fases de seus captadores. Outro detalhe aplicado na faixa é a técnica conhecida como "two hands tapping", usada aqui um ano antes de o guitarrista Eddie Van Halen popularizá-la.

Brian se inspirou num desconhecido guitarrista que viu tocar nos EUA, com quem conversou e descobriu de quem ele havia copiado: Billy Gibons (ZZ Top).

"It's Late" foi lançada como *single* nos EUA, junto com "Sheer Heart Attack", e atingiu somente a posição de número 74 nas paradas.

Tocada ao vivo na turnê promocional de *News of the World*.

Freddie Mercury: Vocal

Brian May: Guitarra Red Special e vocais de apoio

John Deacon: Baixo Fender Precision

Roger Taylor: Bateria Ludwig

MY MELANCHOLY BLUES

autoria: Freddie Mercury
arranjos: Freddie Mercury
produção: Queen
engenharia e mixagem: Mike Stone
gravada em: Wessex e Sarm West – 1977

"My Melancholy Blues" tem um arranjo bem simples sem a presença de guitarras nem vocais de apoio, contrariando o estilo que fez do Queen uma das bandas mais extravagantes de todos os tempos. Ao longo da canção, o ouvinte fica à mercê do piano e da voz hipnótica de Freddie Mercury, com o apoio decisivo do baixo sem trastes de John Deacon e da marcação sutil da bateria de Roger Taylor, que foi apagada no início da música a fim de conferir um clima de *jam session* à faixa. É a primeira faixa da banda onde efetivamente Brian May não participou das gravações no estúdio, pois em "Seaside Rendezvous" ele havia ajudado Roy Thomas Baker na produção.

Freddie Mercury: Vocais e piano Steinway

John Deacon: Baixo Fretless Fender Precision

Roger Taylor: Bateria Ludwig

NO BAÚ DE *NEWS OF THE WORLD*

Músicas trabalhadas nas sessões, mas que ficaram de fora do álbum: "Feelings, Feelings", "Batteries Not Included", "I Wanna Testify" e "Turn On TV".

QUEEN

OS ÁLBUNS

CAPÍTULO 7
Jazz

Com *News of the World* concluído, embalado e rodando sem parar nas vitrolas dos fãs de todo o planeta, o Queen decidiu partir para sua segunda turnê norte-americana em 1977. Ao contrário da maratona de shows realizada no início daquele ano, o grupo faria apenas 26 apresentações nos EUA, no curtíssimo período de 11 de novembro a 22 de dezembro. Na despedida da excursão, uma surpresa para o público norte-americano: "White Christmas" – uma das mais tradicionais músicas natalinas – é adicionada ao *setlist* do Queen em Los Angeles no último show da turnê, contando ainda, nos vocais de apoio, com Peter Straker e John Reid, em uma performance acústica – e deliciosa – para comemorar as festividades de fim de ano.

Nesssa turnê um show foi muito especial ao mínimo para Brian May, no dia 01 de dezembro ele trouxe seus pais da Inglaterra de concorde para assistir ao Queen na requintada casa norte-americana Madison Square Garden. Após o show, Mr. Harold May enfim assumiu que o filho havia feito a escolha certa. Mas nem tudo foi perfeito na miniturnê na terra do Tio Sam. Os espetáculos quase tiveram de ser abreviados após o quarto show em Providence, quando John Deacon cortou sua mão em uma festa. Traumatizada por situações passadas, a banda decidiu prosseguir com a turnê, e o contrabaixista foi para o sacrifício, tocando mesmo ferido, com 19 pontos em sua mão!

Logo após a seção europeia da turnê, que ocorreu no ano seguinte, como era de praxe, o Queen decidiu voltar ao estúdio para garantir a produção de mais um disco. Com os negócios da banda em dia e decididos a não pagar mais os altos impostos ao Império Britânico, a banda resolveu gravar o álbum que viria a ser batizado como *Jazz* fora do país para fugir da mordida do "Leão inglês". O destino do grupo foi o badalado Super Bear, em Nice, sul da França – que seria escolhido pelo Pink Floyd para produzir sua obra-prima *The Wall* nos meses seguintes. Outro estúdio usado pelo Queen nas sessões de *Jazz* foi o aconchegante Mountain, em Montreux, na Suíça – local que seria comprado pela banda nos anos seguintes, graças ao seu ambiente e equipamentos fornecidos pelo lendário Record Plant, de Los Angeles, Roger inclusive ficou fascinado pela presença de um *kit* Gretch de bateria. A mudança de ares serviu para atiçar a criatividade do grupo. Freddie Mercury apareceu logo de cara com "Bicycle Race" – canção inspirada pela lendária prova de ciclismo Tour de France. Brian May não ficou atrás e apresentou "Dreamers Ball", canção que nasceu após o guitarrista conferir o cultuado Festival de Jazz de Montreux.

AS SESSÕES

A produção do sucessor de *News of the World* começou em julho, na França, com a gravação de sete das treze músicas escolhidas pelo Queen, e terminou três meses mais tarde, em Montreux, na Suíça. Se em *A Day at the Races* o Queen não pôde contar com os talentos do fiel amigo Roy Thomas Baker, em *Jazz* foi a vez de Mike Stone precisar se ausentar para dar conta de sua agenda lotada de compromissos. Desta forma, Baker retornaria à mesa de som para produzir o novo álbum, e traria consigo algumas novidades técnicas para o estúdio. No período em que se ausentou do círculo do Queen, Roy aprendeu a mexer em um novo "brinquedinho": um sintetizador de bateria chamado Syndrum, que modificaria um pouco a base rítmica de Roger Taylor nas sessões. A parte técnica do novo álbum também contaria com a entrada dos engenheiros Geoff Workman e John Etchells, ambos os funcionários contratados do estúdio Super Bear. Assim como em todos os álbuns do Queen gravados até aquela data, a diversidade de estilos musicais predominou no repertório de gravação: blues acústico ("Dreamers Ball"), funk ("Fun It"), heavy metal ("Let Me Entertain You"), pop ("Jealousy"), entre outros. Porém seguindo a tendência iniciada em *News of the World*, a banda tratou de ser mais econômica em seus arranjos. O produto final ficou mais de acordo com o momento musical: tudo mais simples e direto.

POLÊMICA NA CAPA

A ideia de batizar o novo LP como *Jazz* surgiu logo após uma das sessões de gravação em Montreux, quando Roger Taylor notou a palavra "Jazz" pichada no muro do estúdio. E como o baterista já tinha uma canção mais ou menos pronta batizada como "More of That Jazz", o nome para o LP parecia mais do que apropriado. Com a aprovação da banda para o título, outros detalhes para a arte de capa do disco foram arranjados. O mais polêmico deles ficou por conta da foto de dezenas de modelos nuas andando de bicicleta, incluída no encarte do disco. A imagem acabou censurada nos EUA, gerando a perda de alguns seguidores mais conservadores do grupo. A saída para driblar a censura foi enviar aos fãs mais curiosos a foto original com as garotas peladas pelo correio, por meio do fã-clube oficial do Queen. Já a ilustração da capa foi sugerida por Roger Taylor, inspirado por um desenho que ele havia visto em Berlim, onde diversos círculos envolviam a palavra "Jazz".

Para o lançamento do álbum foi realizada uma festa em Nova Orleans, bancada pela banda para cerca de 400 convidados, incluindo executivos da EMI e Elektra, e jornalistas de todo o mundo. E teve de tudo nessa balada: desde engolidores de fogo, passando por bandas de tradicional jazz e mulheres nuas. Essa festa até hoje é umas das mais polêmicas da banda devido à extravagância. Os músicos sempre negaram, mas muitos dos presentes afirmavam que a festa havia sido regada a muita cocaína que era

servida em capacetes de anões. Já a execução das novas músicas ficou para o dia seguinte, em uma conferência organizada no restaurante Brennan's.

O LP foi recebido de forma fria por grande parte da imprensa, que parecia mais interessada nos detalhes da festa de lançamento do disco. Algumas jornalistas feministas malharam a banda por sua canção "Fat Bottomed Girls", acusando o grupo de tratarem a mulher como objeto sexual. O semanário inglês *NME* afirmou "Se você é relativamente surdo, compre esta péssima réplica de Gilbert e Sullivan, como presente de Natal." Já o tabloide *Sounds* disparou: "Eu adoraria gostar do Queen como no início da década... Porém, com um álbum como este isso fica impossível." Apesar de toda a crítica negativa, *Jazz* conseguiu atingir a posição número 2 nas paradas britânicas e a de número 6 nas paradas dos EUA.

JAZZ – FAIXA A FAIXA

MUSTAPHA

autoria: Freddie Mercury | arranjos: Queen
produção: Roy Thomas Baker e Queen
engenharia e mixagem: Geoff Workman e John Etchells
gravada em: Mountain e Super Bear – 1978

Com seu tema inspirado em um amigo dos tempos de colégio, quando Freddie Mercury estudava em Bombaim, na Índia, "Mustapha" é uma das canções mais intrigantes de *Jazz*. O motivo é simples: sua letra é uma mistura de inglês, persa, árabe e palavras que não existem em nenhum dos vocabulários! Na verdade, apenas alguns dos termos em língua estrangeira (fora o inglês) existem de fato: "Mustapha", "Ibrahim", "Alah" e "salaam aleikum" – esta última, uma expressão que significa tanto para muçulmanos quanto para cristãos árabes "A paz esteja com você".

Outra curiosidade em relação a "Mustapha" fica por conta de sua mixagem. Na versão final, a música começa bem suave e logo quando entra a primeira guitarra, o volume sobe radicalmente, o que gera uma belíssima variação em sua dinâmica. Já em sua versão ao vivo, era uma prática comum da banda tocar a faixa como um "link" antes de começar o seu épico "Bohemian Rhapsody".

MASTERS

"Mustapha" foi lançada como *single* apenas nos mercados da Alemanha, Espanha, Bolívia e da antiga Iugoslávia.

Freddie Mercury: Vocais, vocais de apoio e piano
Brian May: Guitarra Red Special
John Deacon: Baixo Fender Precision
Roger Taylor: Bateria Gretsch / Ludwig

FAT BOTTOMED GIRLS

autoria: Brian May
arranjos: Brian May
produção: Roy Thomas Baker e Queen
engenharia e mixagem: Geoff Workman e John Etchells
gravada em: Mountain e Super Bear – 1978

"Nós não podemos falar sobre sexo? Sexo é um assunto presente na vida de todo mundo. A verdade é que já falei sobre inúmeras coisas do lado espiritual e agora quero falar sobre o lado físico." A frase contundente é de Brian May, autor da letra de "Fat Bottomed Girls", uma canção divertida que brinca com o mundo "frenético" das *groupies*. "Groupies", sem se apegar a uma tradução literal, são aquelas fãs, digamos, mais liberais que costumam acompanhar as estrelas de rock. Na maioria das vezes – é fato – elas gostam de seguir seus ídolos, inclusive, nas dependências dos quartos de hotéis pelo mundo afora... Uma curiosidade sobre "Fat Bottomed Girls" (tocada pela banda nos palcos de 1978 até 1982) fica por conta dos erros de gravação que seriam mantidos nas turnês com a missão de garantir a espontaneidade que invariavelmente era alcançada pelo Queen durante os shows ao vivo.

Essa é uma das canções do repertório do Queen em que Brian May utiliza uma afinação diferente na guitarra, no caso a 6ª corda é afinada um tom abaixo.

Lançada como duplo *single* ao lado de "Bycicle Race", "Fat Bottomed Girls" atingiu as posições de número 11 e 24 no Reino Unido e nos EUA, respectivamente.

Freddie Mercury: Vocal e vocais de apoio
Brian May: Vocal e guitarra Red Special
John Deacon: Baixo Fender Precision
Roger Taylor: Bateria Gretsch / Ludwig

JEALOUSY

autoria: Freddie Mercury
arranjos: Freddie Mercury
produção: Roy Thomas Baker e Queen
engenharia e mixagem: Geoff Workman e John Etchells
gravada em: Mountain e Super Bear – 1978

Canção de conteúdo bem pessoal assinada por Freddie Mercury, "Jealousy" fala sobre um homem "dominado pelo ciúme, que tenta encontrar uma razão para continuar a viver em meio ao seu sofrimento". No estúdio, Freddie dá um show de habilidade, e faz todos os vocais da canção, além de tocar piano. O vocalista é acompanhado por Brian May e seu violão Hairfred, especialmente modificado para a gravação da faixa. Como já havia ocorrido em "White Queen" no álbum *Queen II*, ele alterou o nut do instrumento para que o mesmo ficasse com a sonoridade de um sitar. Vale ressaltar que esse violão é um raríssimo e barato instrumento, que foi presenteado a Brian por seu antigo companheiro de 1984, Dave Dilloway.

Lançada pela Elektra nos Estados Unidos como terceiro e último *single* de *Jazz* ao lado de "Fun In", mas sem obter sucesso comercial. A música nunca foi tocada ao vivo pelo Queen em suas turnês.

Freddie Mercury: Vocal, vocais de apoio e piano acústico
Brian May: Violão Hairfred
John Deacon: Baixo Fender Precision
Roger Taylor: Bateria Gretsch / Ludwig

BICYCLE RACE

autoria: Freddie Mercury
arranjos: Queen
produção: Roy Thomas Baker e Queen
engenharia e mixagem: Geoff Workman e John Etchells
gravada em: Mountain e Super Bear – 1978

Inspirada no Tour de France (tradicional corrida ciclística francesa), "Bicycle Race" foi gravada com um complexo arranjo rítmico e harmônico que apresenta várias mudanças de fórmulas de compasso, além de acordes não convencionais. Destaque também para um solo de guitarra de Brian May em que ele utiliza a técnica do cânone: uma forma polifônica em

MASTERS

que todas as vozes imitam *rigorosamente* a linha melódica cantada por uma primeira voz, separadas por um ou mais compassos. No caso de "Bicycle Race", Brian teve a ideia de usar o recurso para imitar o som produzido pelas bicicletas em uma corrida. A música foi lançada como *single* (com *single* de lado A duplo) acompanhada por "Fat Bottomed Girls" e atingiu a posição de número 11 nas paradas britânicas e apenas a de número 24 nos EUA.

Tocada ao vivo entre 1978 e 1979.

Freddie Mercury: Vocal, vocais de apoio e piano
Brian May: Guitarra Red Special
John Deacon: Baixo Fender Precision
Roger Taylor: Bateria Gretsch / Ludwig

IF YOU CAN'T BEAT THEM

autoria: John Deacon
arranjos: John Deacon
produção: Roy Thomas Baker e Queen
engenharia e mixagem: Geoff Workman e John Etchells
gravada em: Mountain e Super Bear – 1978

O baixista John Deacon aparece como o compositor principal desse hard rock muito bem tocado e gravado pelo Queen, que comenta um pouco sobre a conturbada relação da banda com a empresa Trident Productions. Na música, Deacon critica os empresários de rock e deixa a mensagem: "Se você não pode com eles, junte-se a eles". No estúdio, "If You Can't Beat Them" foi uma das duas faixas em que a banda utilizou um *phaser* de fita durante a mixagem (a outra sendo "Killer Queen", de *Sheer Heart Attack*).

Tocada pelo Queen em todos os shows de 1978 e na maioria dos shows da turnê europeia e japonesa de 1979. Sem qualquer explicação, "If You Can't Beat Them" acabou de fora do primeiro álbum ao vivo da banda *Live Killers*, que documenta a parte europeia da excursão.

Freddie Mercury: Vocal e vocais de apoio
Brian May: Guitarra Red Special e vocais de apoio
John Deacon: Baixo Fender Precision
Roger Taylor: Bateria Ludwig / Gretsch e vocais de apoio

LET ME ENTERTAIN YOU

autoria: Freddie Mercury
arranjos: Freddie Mercury
produção: Roy Thomas Baker e Queen
engenharia e mixagem: Geoff Workman e John Etchells
gravada em: Mountain e Super Bear – 1978

Se nos primeiros álbuns Freddie escrevia sobre mundos fictícios, religião, fantasias, os temas vinham mudando radicalmente desde *A Night at the Opera*. Com destaque para "Let Me Entertain You" – uma canção permeada pelo duplo sentido. Ao mesmo tempo em que a música foi criada com o claro objetivo de divertir o público, sua letra é uma espécie de tirada na indústria de entretenimento. Alguns de seus versos exemplificam isso, tais como:

"To thrill you, I'll use any device"
(Algo como: "A gente vai usar qualquer artifício para te provocar emoções").

"We sing to you in Japanese"
("Nós cantamos para você em japonês"): uma menção à canção "Teo Torriate", de *A Day at the Races*.

"With Elektra and EMI"
("Com a Elektra e a EMI"): Citação de Freddie às gravadoras da banda na Inglaterra e nos EUA.

Lançada como *single* somente em sua versão ao vivo do LP *Live Killers*, como lado B de "Save Me", alcançando a posição de número 11 nas paradas no Reino Unido em 1980. Nos EUA, a música entrou como lado B de "We Will Rock You" (fast live version), sem praticamente figurar nas paradas britânicas.

Outro detalhe interessante na faixa é o diálogo presente no trecho final:

Freddie: "Hey where's my backstage pass?"
("Ei, onde está meu passe de bastidores?")

Homem:	"Hey that was a bit of allright, weren't it?"
	("Ei, isso foi atraente, não?")
Homem:	"Great one, outrageous costume!"
	("Ótimo, traje escandaloso")
Freddie:	"Hey that Brian May, he's outta sight, man"
	("Olhe, aquele é Brian May, ele é incrível")
Brian:	"Not many, not many... go straight!"
	("Não muito, não muito... vá direto")
Mulher:	"I always wanted to be a groupie!"
	("Eu sempre quis ser uma *groupie*")
Roger:	"... give you lessons..." ("...te dar lições...")

Tocada ao vivo de 1978 até 1981.

Freddie Mercury: Vocal e vocais de apoio
Brian May: Guitarra Red Special
John Deacon: Baixo Fender Precision
Roger Taylor: Bateria Gretsch / Ludwig

DEAD ON TIME

autoria: Brian May | arranjos: Brian May
produção: Roy Thomas Baker e Queen
engenharia e mixagem: Geoff Workman e John Etchells
gravada em: Mountain e Super Bear – 1978

Brian May retorna ao álbum como compositor principal, e com ele traz seu velho e bom estilo de rock pesado. Aqui, "Dead on Time" revisita um pouco o *riff* de "Keep Yourself Alive" – fato proposital, que inclui uma citação da letra daquela canção no final dessa. A música fala sobre um homem que gasta o tempo de sua vida com coisas sem sentido, até que Brian decide que seu personagem "perdeu tanto que acabou morrendo por conta disso". A frase final da letra afirma: "You're dead" ("Você está morto"). No estúdio, a banda decidiu incluir alguns efeitos para incrementar a faixa. Um ruído de trovão captado pelo gravador portátil de May durante uma tempestade foi incluído no final da música. Para brincar com a ideia, o Queen escreveu no encarte do disco que o som do trovão foi "uma cortesia de Deus" – típica piada britânica.

Brian sempre reclamou que os fãs e a imprensa haviam dado muita importância a "Fat Bottomed Girls" e deixado de lado "Dead on Time".

Fãs de todo mundo ainda comentam que "Dead on Time" cairia como uma luva nas apresentações ao vivo. Porém, a música misteriosamente nunca chegou a ser tocada nos palcos pela banda.

Freddie Mercury: Vocal
Brian May: Guitarra Red Special e vocais de apoio
John Deacon: Baixo Fender Precision
Roger Taylor: Bateria Ludwig / Gretsch

IN ONLY SEVEN DAYS

autoria: John Deacon | arranjos: John Deacon
produção: Roy Thomas Baker e Queen
engenharia e mixagem: Geoff Workman e John Etchells
gravada em: Mountain e Super Bear – 1978

John Deacon volta a receber os holofotes de *Jazz* em "In Only Seven Days", com sua letra em forma de um inocente poema composto por ele sobre "um homem que se apaixona em uma semana". O mais interessante de seu tema é a ordem cronológica respeitada, em cada dia da semana ocorre um fato diferente. No estúdio, Deacon toca violão, além de seu fiel baixo Fender Precision.

Lançada como lado B do *single* "Don't Stop Me Now" e nunca tocada ao vivo pelo Queen.

Freddie Mercury: Vocais e piano
Brian May: Guitarra Red Special
John Deacon: Baixo Fender Precision e violão Ovation
Roger Taylor: Bateria Ludwig / Gretsch

DREAMERS BALL

autoria: Brian May
arranjos: Brian May | produção: Roy Thomas Baker e Queen
engenharia e mixagem: Geoff Workman e John Etchells
gravada em: Mountain e Super Bear – 1978

Faixa composta inspirada pelo festival de Jazz de Montreux, onde a banda gravou parte do álbum. "Dreamers Ball" apresenta todo o clima de um *pub* típico da cidade Nova Orleans, beneficiada pelo violão tocado por Brian May em *shuffle*.

Com uma letra inocente que fala sobre um homem apaixonado, sonhando com sua amada.

Mesmo com seu clima todo descontraído, a música virou ponto de discórdia da banda durante a produção do LP. Durante as gravações, aparentemente Brian May – autor único de "Dreamers Ball" – acusou Roger Taylor de "sabotar" as gravações, não se empenhando para finalizá-la. O baterista negou. O assistente de Roger, Crystal Taylor, que diz que odeia as duas versões da faixa, garante ter uma fita com uma discussão entre os dois, durante a gravação.

No estúdio, Brian fez diversos *overdubs* de guitarra para simular a sonoridade dos instrumentos de sopro (da mesma forma em que "Good Company"). Já para sua versão ao vivo, Roger e Brian fazem as pazes demonstrando fôlego e habilidade de sobra com vocalizações incríveis para imitar os efeitos da gravação original.

Tocada ao vivo em 1978 e 1979 durante o trecho acústico do show, ao lado de "Love of My Life" e "'39".

Freddie Mercury: Vocais e vocais de apoio
Brian May: Guitarra Red Special e violão Ovation
John Deacon: Baixo Fender Precision
Roger Taylor: Bateria Ludwig / Gretsch

FUN IT

autoria: Roger Taylor | arranjos: Brian May
produção: Queen e Roy Thomas Baker
engenharia e mixagem: Geoff Workman e John Etchells
gravada em: Mountain e Super Bear – 1978

"Fun It" marca a entrada apoteótica do estilo funk no repertório criativo do Queen – estilo que iria dividir os fãs da banda a partir do início dos anos 80 até os dias de hoje. Ao contrário do ocorrido nos primeiros discos, os sintetizadores são presença constante nessa faixa. Roger usou na gravação seu exemplar da Syndrum Drum, uma bateria eletrônica criada por Joe Pollard, que tinha o intuito de criar timbre eletrônico para o instrumento, da mesma forma que os pedais de guitarra e os teclados sintetizadores. A inspiração para uso deste recurso em "Fun It", veio do produtor Roy Thomas Baker que já havia utilizado o equipamento com a banda The Cars.

Lançada como lado B do *single* americano "Jealousy", a faixa nunca foi apresentada ao vivo pela banda, exceto um de seus trechos na introdução a "Keep Yourself Alive", em 1979.

Freddie Mercury: Vocais
Brian May: Guitarra Red Special
John Deacon: Baixo Fender Precision
Roger Taylor: Vocais, bateria Ludwig e syndrum Yamaha

LEAVING HOME AIN'T EASY

autoria: Brian May | arranjos: Brian May
produção: Roy Thomas Baker e Queen
engenharia e mixagem: Geoff Workman e John Etchells
gravada em: Mountain e Super Bear – 1978

Canção de Brian May que fala sobre um homem em conflito interno típico do ser humano: sair ou não de casa. De fato, o problema abordado

MASTERS

na música era bem pessoal, já que o guitarrista vivia o dilema de deixar esposa e filho para cair na estrada com o Queen. No estúdio, Brian utilizou o efeito de *varispeed*, com o objetivo de mudar a velocidade de andamento da música – recurso, este, bastante utilizado pelos Beatles durante as suas gravações em Abbey Road. Em "Leaving Home Ain't Easy", Brian altera seus vocais para sua voz se parecer com uma voz feminina no trecho: "Stay my love ... What's right my love..." ("Fique meu amor... O que é certo, meu amor?..."). Outro detalhe interessante na gravação é o pedal de volume usado na guitarra para imitar o som do violino.

Nunca tocada ao vivo pela banda.

Brian May: Vocal, vocal de apoio, guitarra Red Special e violão de 12 cordas

John Deacon: Baixo Fender Precision

Roger Taylor: Bateria Gretsch / Ludwig

DON'T STOP ME NOW

autoria: Freddie Mercury | arranjos: Freddie Mercury
produção: Roy Thomas Baker e Queen
engenharia e mixagem: Geoff Workman e John Etchells
gravada em: Mountain e Super Bear – 1978

Com sua letra autobiográfica "Don't Stop Me Now" é indiscutivelmente um dos destaques – senão, o maior – de *Jazz*. Sua dinâmica demonstra a genialidade de Mercury como autor e a versatilidade da banda em dar vida e climas diversificados para suas canções. Lançada em janeiro de 1979 como segundo *single* do álbum, com "In Only Seven Days" em seu lado B, "Don't Stop Me Now" atingiu a posição de número 9 nas paradas britânicas, o que lhe conferiu o melhor desempenho entre as faixas comercializadas no LP. Para promover a canção, um vídeo foi produzido com a direção de Dennis DeVallance, durante a passagem de som do Queen no dia 26 de janeiro de 1979, em Bruxelas, capital belga. Ao vivo, "Don't Stop Me Now" foi incluída no repertório de todos os shows da turnê *Jazz* e dos demais espetáculos de 1979, além de aparecer mais tarde no LP *Live Killers*.

Na versão de *Jazz* a guitarra de Brian May aparece somente no solo, já no bônus comemorativo dos 40 anos da banda a guitarra toca por toda a música. Provavelmente Freddie decidiu optar pela versão mais econômica para o álbum.

Freddie Mercury: Vocal, vocais de apoio e piano
Brian May: Guitarra Red Special e vocal de apoio
John Deacon: Baixo Fender Precision
Roger Taylor: Bateria Ludwig e vocais de apoio

MORE OF THAT JAZZ

autoria: Roger Taylor | arranjos: Roger Taylor
produção: Roy Thomas Baker e Queen
engenharia e mixagem: Geoff Workman e John Etchells
gravada em: Mountain e Super Bear – 1978

"More of that Jazz" encerra o LP, e ainda contribui de forma decisiva para dar título ao sétimo álbum do Queen. Além de assinar a composição, Roger Taylor toca bateria, percussão, guitarra e faz os vocais. A letra fala um pouco do tédio do estilo de vida atribulado proporcionado pelo mundo do rock. Um dos destaques da canção está na repetição de pequenos trechos das outras faixas do disco, na sequência: "Dead on Time", "Bicycle Race", "Mustapha", "If You Can't Beat Them", "Fun It" e "Fat Bottomed Girls".

Nunca tocada ao vivo pela banda.

Brian May: Guitarra Red Special
John Deacon: Baixo Fender Precision
Roger Taylor: Bateria Ludwig, guitarra Fender, vocal, vocais de apoio e maracas

NO BAÚ DE JAZZ

Música trabalhada nas sessões, mas que ficou de fora do álbum: "Coming Soon".

QUEEN

OS ÁLBUNS

CAPÍTULO 8
Live Killers

Uma característica interessante do mercado fonográfico na década de setenta era o lançamento de discos ao vivo. Praticamente todas as grandes bandas o fizeram: "The Song Remains the Same" (Led Zeppelin); "Made in Japan" (Deep Purple); "All the World's a Stage" (Rush), só para citar alguns, já estavam rodando nas vitrolas ao redor do mundo. O Queen em 1978 já discutia essa possibilidade há alguns anos. Inicialmente eles haviam filmado os concertos no Rainbow em 1974 com esse intuito mas a ideia não seguiu adiante.

Quatro anos mais tarde a banda estava um pouco entediada com o esquema de gravar um álbum de estúdio e sair em turnê, vinha sendo assim de forma ininterrupta desde *Queen II*, por isso a banda decidiu esticar mais a turnê de Jazz e dela retirar um álbum ao vivo.

MASTERS

O processo de produção do disco acabou sendo um pouco estranho já que eles resolveram não gravar e lançar um show específico, mas sim gravar toda a parte europeia da turnê de Jazz e produzir uma mescla com os melhores momentos. Dentro dessa sistemática acredita-se (informação não confirmada) que algumas faixas foram produzidas editando versões de shows diferentes.

Ao todo a perna europeia da turnê, de onde foi extraído *Live Killers*, consistiu em 28 concertos passando por: Alemanha, Holanda, Bélgica, Espanha, França, Suíça e antiga Iugoslávia; não se sabe ao certo de todos os shows quais foram gravados e de quais foram extraídas faixas para o disco, há rumores que a grande maioria das faixas foi extraída de duas datas: Frankfurt (02 de fevereiro de 1979) e Lyon (17 de fevereiro de 1979).

A estratégia de compilar as faixas, segundo Brian May, veio por que a banda, mesmo gravando diversos shows, teve muita dificuldade com o resultado final das gravações. Afinal em quase todas havia bons momentos e defeitos como ruídos, falhas de mixagem dos instrumentos etc.

Para a produção final do disco foi chamado John Etchells, o mesmo que havia trabalhado como engenheiro de som em *Jazz*. Ele e a banda mixaram o novo álbum juntos nos estúdios Mountain em Montreux.

LIVE KILLERS – FAIXA A FAIXA

WE WILL ROCK YOU (FAST LIVE VERSION)
autoria: Brian May | arranjos: Brian May
produção: Queen e John Etchels
gravada em: Turnê Europeia – 1979

Usada para abertura dos shows da turnê essa versão de "We Will Rock You" é bem diferente da executada em estúdio presente em *News of the World*. Aqui temos todos os instrumentos tocando numa versão acelerada guiada pela guitarra de Brian May. Essa versão já havia aparecido anteriormente na última sessão que a banda produziu para a BBC em outubro de 1977. A ideia original era produzir uma emenda das duas versões formando uma só, porém para os shows a banda resolveu desmembrá-la e tocar as duas em períodos diferentes da apresentação.

132

Freddie Mercury: Vocais
Brian May: Guitarra Red Special, amplificadores VOX AC 30 e vocais de apoio
John Deacon: Baixo Fender Precision
Roger Taylor: Bateria Ludwig e vocais de apoio

LET ME ENTERTAIN YOU

autoria: Freddie Mercury | produção: Queen e John Etchels
gravada em: Turnê Europeia – 1979

Versão da faixa do álbum *Jazz* numa execução bem próxima ao original, porém, assim como quase todo o disco, executada num andamento mais rápido.

No início da faixa ouve-se um som de apito que não se sabe ao certo de onde vem: da plateia ou do palco.

Freddie Mercury: Vocais
Brian May: Guitarra Red Special e amplificadores VOX AC 30
John Deacon: Baixo Fender Precision
Roger Taylor: Bateria Ludwig e vocais de apoio

DEATH ON TWO LEGS / KILLER QUEEN
BICYCLE RACE / I'M IN LOVE WITH MY CAR

autoria: Freddie Mercury e Roger Taylor ("I'm in Love with My Car")
produção: Queen e John Etchels | gravada em: Turnê Europeia – 1979

Como se tornou característico nos show do Queen, a banda costumava a criar *medleys* com algumas de suas canções. Aqui temos o início de "Death on Two Legs" censurado, pois Freddie fala "This song is dedicated for a real motherfucker of gentleman", referindo-se a Norman Shieffield, antigo empresário da banda e dono da Trident Productions.

A faixa tem em seu início a Red Special de May já plugada em seu eletro harmonizer criando um efeito especial, que iria dominar a faixa "Get Down, Make Love".

"Killer Queen" e "Bicycle Race" têm suas versões reduzidas em tamanho e, diferente das superproduções vocais em estúdio, aqui as vozes são resumidas a Freddie e Roger com poucas inserções de Brian. Por sua vez, "I'm in Love with My Car", assim como no disco, é cantada por Roger e tem uma versão muito parecida com a presente em *A Night at the Opera*.

Freddie Mercury: Vocais e piano Steinway 1972
Brian May: Guitarra Red Special e amplificadores VOX AC 30
John Deacon: Baixo Fender Precision
Roger Taylor: Bateria Ludwig e vocais de apoio

GET DOWN, MAKE LOVE

autoria: Freddie Mercury
produção: Queen e John Etchels
gravada em: Turnê Europeia – 1979

Assim como em *News of the World* o Queen fez uma versão cheia de energia nessa faixa. Vale destacar os ruídos da guitarra de Brian May provenientes do uso de sua guitarra em um eletro-harmonizer. Esse interlúdio era realizado de forma improvisada e sendo assim era diferente em todos os shows da turnê.

Freddie Mercury: Vocais e piano Steinway 1972
Brian May: Guitarra Red Special e amplificadores VOX AC 30
John Deacon: Baixo Fender Precision
Roger Taylor: Bateria Ludwig e vocais de apoio

YOU'RE MY BEST FRIEND

autoria: John Deacon
produção: Queen e John Etchels
gravada em: Turnê Europeia – 1979

A versão do álbum ao vivo conta com Freddie no piano e é mais acelerada que a de *A Night at the Opera*.

Freddie Mercury: Vocais e piano Steinway 1972
Brian May: Guitarra Red Special e amplificadores VOX AC 30
John Deacon: Baixo Fender Precision
Roger Taylor: Bateria Ludwig e vocais de apoio

NOW I'M HERE

autoria: Brian May I produção: Queen e John Etchels
gravada em: Turnê Europeia – 1979

Versão gigante de "Now I'm Here" com 8min45seg que conta com uma antológica intervenção de Freddie no meio da música, chamando o público para cantar com ele. Esse tipo de intervenção de Freddie se tornou comum em meados dos anos 80, mas não era muito comum no início da banda. Acredita-se que ele começou a desenvolver essa atitude de uma forma mais contundente a partir dessa turnê.

Diferente da versão de estúdio, em *Live Killers* não há piano.

Freddie Mercury: Vocais

Brian May: Guitarra Red Special e amplificadores VOX AC 30

John Deacon: Baixo Fender Precision

Roger Taylor: Bateria Ludwig e vocais de apoio

DREAMERS BALL

autoria: Brian May
produção: Queen e John Etchels
gravada em: Turnê Europeia – 1979

Provavelmente gravada em parte na França, essa faixa inicia a sequência acústica da turnê. A versão aqui executada é bem próxima da gravada em estúdio, porém com um lindo *backing vocal* cantado por Roger Taylor e com os solos de guitarra do estúdio substituídos pelas vozes de Brian May e Roger Taylor imitando instrumentos de sopro num efeito parecido com o de "Seaside Rendezvous".

Ao fim da música Freddie Mercury brinca com os companheiros e diz "things we have to do for money" ("as coisas que nós devemos fazer por dinheiro"), provavelmente se referindo às imitações dos instrumentos de sopro.

Freddie Mercury: Vocais

Brian May: Violão Ovation Pacemaker 12 cordas e vocais

John Deacon: Baixo Fender Precision

Roger Taylor: Bateria Gretch small, vocais e vocais de apoio

LOVE OF MY LIFE

autoria: Freddie Mercury
arranjos: Brian May
produção: Queen e John Etchels
gravada em: Turnê Europeia – 1979

Versão eternizada da canção de *A Night at the Opera*, com um arranjo bem diferente apenas com a voz de Freddie e o violão de May.

Alguns pontos devem ser destacados nessa versão:

A tonalidade utilizada é diferente da versão do disco, um tom e meio abaixo, provavelmente para facilitar a execução de Freddie.

Essa versão já vinha sendo utilizada desde a turnê de *News of the World*, porém nessa turnê ela ganhou um *upgrade* que são as vozes da plateia cantando boa parte das estrofes em uníssono.

Além disso, essa gravação foi lançada como *single* com "Now I'm Here" de lado B atingindo somente a posição 63 nas paradas. Porém, apesar do insucesso nas paradas, essa versão foi considerada um dos pontos altos da turnê da banda na América Latina dois anos depois, com brasileiros e argentinos, mesmo sem falar inglês, cantando a faixa de ponta a ponta.

Freddie Mercury: Vocais

Brian May: Violão Ovation Pacemaker 12 cordas

'39

autoria: Brian May
produção: Queen e John Etchels
gravada em: Turnê Europeia – 1979

Aqui cantada por Freddie Mercury, "'39" encerra a sessão acústica do show. Também executada em uma tonalidade diferente da versão de estúdio, meio tom abaixo. Vale destacar que os vocais de Freddie têm uma característica "menos *shuffle*" que o de May dando uma conotação mais country e menos bluesy à canção.

Também é preciso ressaltar os vocais de Roger Taylor no meio da canção, exatamente iguais aos do disco.

Nessa turnê Brian May apresentava a banda antes da execução de "'39".

Freddie Mercury: Vocais
Brian May: Violão Ovation Pacemaker 12 cordas
John Deacon: Fender Precision Fretless
Roger Taylor: Bateria Gretch small

KEEP YOURSELF ALIVE

autoria: Brian May | produção: Queen e John Etchels
gravada em: Turnê Europeia – 1979

Única faixa do disco extraída do primeiro álbum da banda, "Keep Yourself Alive" aparece numa versão mais acelerada. O destaque fica para a atuação de Brian May, que conseguiu reduzir as seis guitarras gravadas no estúdio para uma só sem deixar nenhuma "brecha" no arranjo, com destaque para o solo onde utiliza, de forma muito inteligente, a echoflex (câmara de echo).

Nessa turnê Freddie costumava cantar sozinho uma boa parte da faixa "Fun It", do disco *Jazz*, antes de "Keep Yourself Alive", porém no álbum isso não apareceu.

Freddie Mercury: Vocais
Brian May: Guitarra Red Special e amplificadores VOX AC 30
John Deacon: Baixo Fender Precision
Roger Taylor: Bateria Ludwig e vocais de apoio

DON'T STOP ME NOW

autoria: Freddie Mercury
produção: Queen e John Etchels
gravada em: Turnê Europeia – 1979

Principal destaque comercial do álbum *Jazz* esta faixa aparece em *Live Killers* numa versão mais enérgica: andamento mais acelerado, guitarra em toda a faixa e uma bateria mais pesada de Roger.

Freddie Mercury: Vocais e piano Steinway
Brian May: Guitarra Red Special e amplificadores VOX AC 30
John Deacon: Baixo Fender Precision
Roger Taylor: Bateria Ludwig e vocais de apoio

SPREAD YOUR WINGS

autoria: John Deacon | produção: Queen e John Etchels
gravada em: Turnê Europeia – 1979

Faixa de Deacon que, curiosamente, no estúdio não tinha vocais de apoio, mas ao vivo ganha um sonoro vocal de apoio vindo diretamente do público.

Essa é uma faixa que se mostrou perfeita para apresentações ao vivo porém não apareceu mais nos shows da banda depois dessa turnê.

Freddie Mercury: Vocais e piano Steinway

Brian May: Guitarra Red Special e amplificadores VOX AC 30

John Deacon: Baixo Fender Precision

Roger Taylor: Bateria Ludwig e vocais de apoio

BRIGHTON ROCK

autoria: Brian May | produção: Queen e John Etchels
gravada em: Turnê Europeia – 1979

Faixa do disco *Sheer Heart Attack* que aparece aqui numa versão mais longa cujo destaque fica para o incrível solo de guitarra de Brian May. Munido com sua Red Special e uma câmara de eco Echoplex, o guitarrista cria uma atmosfera onde uma guitarra soa como se houvesse outras duas no palco. Esse tipo de performance acabou sendo utilizando por Brian em toda a sua carreira.

Freddie Mercury: Vocais

Brian May: Guitarra Red Special, amplificadores VOX AC 30 e câmara de eco Echoplex

John Deacon: Baixo Fender Precision

Roger Taylor: Bateria Ludwig e vocais de apoio

BOHEMIAN RHAPSODY

autoria: Freddie Mercury | produção: Queen e John Etchels
gravada em: Turnê Europeia – 1979

Nessa turnê Freddie costumava introduzir a faixa com as primeiras frases de "Mustapha", que só seria executada na integra no final do ano na turnê chamada *Crazy Tour* em que a banda trazia à tona "Crazy Little Thing Called Love" e "Save Me".

A faixa acabou sendo polêmica devido ao uso do *playback* da sessão operística. Muitos criticaram e a banda mesmo assumiu que para um álbum sem o acesso aos recursos visuais do show o trecho fica "murcho".

Freddie Mercury: Vocais e piano Steinway
Brian May: Guitarra Red Special e amplificadores VOX AC 30
John Deacon: Baixo Fender Precision
Roger Taylor: Bateria Ludwig e vocais de apoio

TIE YOUR MOTHER DOWN
autoria: Freddie Mercury
produção: Queen e John Etchels
gravada em: Turnê Europeia – 1979

Versão muito próxima à de estúdio, aqui porém num andamento mais acelerado. A faixa foi inicialmente tocada na turnê de *A Day at the Races*, geralmente abrindo o show. Após *News of the World* o *open show* passou a ser "We Will Rock You (Fast Live)" e "Tie Your Mother Down", ela passou a ser executada na parte final.

Freddie Mercury: Vocais
Brian May: Guitarra Red Special, amplificadores VOX AC 30 e vocais de apoio
John Deacon: Baixo Fender Precision
Roger Taylor: Bateria Ludwig e vocais de apoio

SHEER HEART ATTACK
autoria: Roger Taylor | produção: Queen e John Etchels
gravada em: Turnê Europeia – 1979

Ao vivo "Sheer Hear Attack" era mais próxima ainda a um punk rock que a versão de estúdio, tocada de forma acelerada e praticamente sem solo de guitarra, somente alguns "fills" no final.

Freddie Mercury: Vocais
Brian May: Guitarra Red Special, amplificadores VOX AC 30 e vocais de apoio
John Deacon: Baixo Fender Precision
Roger Taylor: Bateria Ludwig e vocais de apoio

WE WILL ROCK YOU

autoria: Brian May | produção: Queen e John Etchels
gravada em: Turnê Europeia – 1979

O encerramento do show do Queen a partir da turnê de *Jazz* passou a ser o trio "We Will Rock You", "We Are the Champions" e "God Save the Queen". Essa sequência final perdura até os dias de hoje, só houve uma exceção: na turnê *Live Magic* de 1986 entre "We Will Rock You" e "We Are the Champions" entrou "Friends Will Be Friends".

A versão do disco é uma execução cheia de energia, com o público cantando em toda a faixa. Alguns detalhes interessantes:

Ninguém da banda faz vocal de apoio.

A guitarra aparece já no início da faixa.

Os pés e as palmas são substituídos pela bateria de Roger Taylor.

Diferente da versão de estúdio aqui temos a presença do baixo de John Deacon sendo executado na hora do solo de guitarra.

Freddie Mercury: Vocais
Brian May: Guitarra Red Special e amplificadores VOX AC 30
John Deacon: Baixo Fender Precision
Roger Taylor: Bateria Ludwig

WE ARE THE CHAMPIONS

autoria: Freddie Mercury | produção: Queen e John Etchels
gravada em: Turnê Europeia – 1979

Versão similar à versão de estúdio, porém em alguns trechos a música está no compasso 12/8 enquanto na versão de *News of the World* está toda em 6/8.

Freddie Mercury: Vocais e piano Steinway
Brian May: Guitarra Red Special e amplificadores VOX AC 30
John Deacon: Baixo Fender Precision
Roger Taylor: Bateria Ludwig e vocais de apoio

GOD SAVE THE QUEEN

autoria: Brian May | produção: Queen e John Etchels
gravada em: Turnê Europeia – 1979

Playback da versão de *A Night at the Opera*.

NO BAÚ DE *LIVE KILLERS*

Faixas executadas na turnê, mas que não apareceram no disco: "Somebody to Love", "If You Can't Beat Them", "It's Late", "Jailhouse Rock" e "Big Spender".

QUEEN

OS ÁLBUNS

CAPÍTULO 9
The Game

Logo após o lançamento de *Jazz*, o Queen caiu na estrada para fazer mais 35 shows nos Estados Unidos e 44 apresentações na Europa e Japão. A parte euro-asiática da excursão virou um LP ao vivo – o primeiro da banda – batizado como *Live Killers*. No meio tempo entre um show e outro, o Queen aproveitou as brechas das turnês para se trancar no estúdio Musicland, em Munique, para gravar o que seria o próximo álbum do grupo: *The Game*. O estúdio, situado nos porões do Hotel Arabella, em Munique, foi palco de inúmeras gravações clássicas do rock and roll (Deep Purple, Led Zeppelin, Rolling Stones, ELO etc), graças à utilização de equipamentos de última geração, provenientes dos EUA. Imagens deste estúdio podem ser vistas no clipe de "One Vision", do álbum *A Kind of Magic*.

MASTERS

O disco, produzido em solo alemão, estava fadado a virar o produto de maior sucesso comercial da banda, alcançando o primeiro lugar no Reino Unido e, mais importante ainda, a primeira colocação nas competitivas paradas norte-americanas.

As sessões de gravação do álbum começaram logo após a fase japonesa da turnê promocional de *Jazz*, em junho de 1979. Nessa etapa inicial, o Queen não se preocupou em finalizar as canções. O tempo que os músicos passaram no Musicland foi aproveitado para tocar as novas composições de forma mais descontraída e espontânea. Assim, os primeiros esboços de "Save Me", "Crazy Little Thing Called Love", "Coming Soon" e "Sail Away Sweet Sister" foram desenhados e arquivados para a fase de pós-produção. Empolgados com os resultados alcançados com "Save Me" e "Crazy Little Thing Called Love", o Queen decidiu experimentar as novas músicas no palco e testar a receptividade dos fãs. O risco corrido em incluir canções desconhecidas em seu repertório foi mais que perfeito: o público adorou. Com o selo de aprovação dos fã-clubes que não paravam de crescer, a banda ganhou ainda mais motivação para concluir o novo trabalho.

Em fevereiro de 1980, logo após a longa turnê, o grupo se recompôs no Musicland para terminar as canções. Durante essa etapa, o Queen trabalharia em nada menos que 40 faixas durante um período de quatro meses. Não se sabe quantas canções permaneceram nos arquivos, mas é quase certo que as sobras de *The Game* acabariam mais tarde sendo aproveitadas em futuros discos solo de Freddie Mercury, Roger Taylor e até o longínquo álbum solo de Brian May. Outro fator de relevância desse período foi a aquisição dos estúdios Mountain, em Montreux. Embora a banda tenha gostado muito da locação, alguns fatores fizeram com que o Queen preferisse a cosmopolita Munique para gravar seu novo trabalho. A cidade suíça onde ficava o novo estúdio não tinha muito a oferecer na parte de diversão. Além da fraca vida noturna, o povo de Montreux também era bastante reservado. Por conta disso, o novíssimo estúdio montanhês ficou trancado e seria reservado para futuros projetos do Queen.

Embora as sessões tenham envolvido um número incrível de músicas, a edição final acabou transformando o disco no mais breve da banda: 10 faixas com apenas 35 minutos de duração. Sinais dos tempos: o som antes mais cru e direto começava a sofrer uma mutação para acompanhar a nova ordem da música pop contemporânea. Roger Taylor apresentou aos amigos o sintetizador Oberheim, responsável pelos novos timbres e recursos que seriam adaptados às novas canções. John Deacon comentaria sobre o poder do instrumento, anos mais tarde: "A qualidade do sintetizador era o que mais chamava a atenção. Ele era muito melhor que o Moog, que só produzia uma série de ruídos."

As mudanças de estilo que apareceram nos antecessores *News of the World* e *Jazz* acabariam sendo consolidadas em *The Game*, com a produção de faixas com arranjos mais simples e composições que, de certa forma, procuraram acompanhar as tendências do cenário musical daquele período. *The Game* foi lançado mundialmente em 30 de junho de 1980, abrindo espaço para uma nova fase da banda na década que se aproximava. Com o LP, vieram *hits* memoráveis: "Another One Bites the Dust", "Crazy Little Thing Called Love, "Save Me" e "Play the Game". Esta última, inclusive, seria usada para dar nome ao disco. Mas Roger Taylor preferiu encurtar o título, pois chegou à conclusão de que teria uma sonoridade melhor.

Em *The Game*, o Queen deixaria de trabalhar com o amigo Roy Thomas Baker, abrindo espaço para Reinhold Mack – produtor alemão que ganhara fama pelos discos ao lado do ELO (Electric Light Orchestra), comandado por Jeff Lynne. Reinhold Mack era funcionário dos estúdios Musicland, local escolhido pelo Queen para a produção de seu novo trabalho. A entrada em cena do produtor também causaria mudança nos métodos de trabalho do Queen. Ao invés de gravar *backing tracks* (o esqueleto instrumental de cada música) completas e depois incluir de forma gradual os *overdubs* (adição de instrumentos à base), Mack (como era popularmente conhecido) sugeriu que gravassem trechos isolados de cada música e depois montassem as faixas aos poucos. O novo sistema adotado pelo grupo fez com que economizassem tempo e – principalmente – paciência. Este fator, segundo Brian May, foi de grande valia para o Queen, já que, naquela altura da carreira, a banda já tinha bastante conhecimento das técnicas de produção em estúdio. Com a inovação técnica oferecida pelo alemão, a banda se sentiu renovada e pronta para desenvolver mais músicas e mais álbuns em um futuro próximo.

THE GAME – FAIXA A FAIXA

PLAY THE GAME

autoria: Freddie Mercury
arranjos: Queen
produção: Queen e Reinhold Mack
engenharia e mixagem: Reinhold Mack
gravada em: Musicland – 1980

Composta por Freddie Mercury, "Play the Game" seria usada como título para o novo disco, mas acabou sendo vetada por Roger Taylor. O baterista preferiu que o trabalho fosse chamado apenas de *The Game*, por concluir que o nome fosse mais efetivo e comercial. Nessa faixa, pela primeira vez um sintetizador é usado de forma massiva em uma música do Queen. Trata-se do Oberheim – um teclado de origem alemã com múltiplos timbres. Em "Play the Game", o Oberheim é ouvido de forma mais contundente na introdução da faixa e logo antes do solo de guitarra.

Lançada como terceiro *single* promocional do álbum junto com a canção "A Human Body" (que ficou de fora do disco) como lado B, o *single* "Play the Game" atingiu somente o 14º lugar no Reino Unido e o 47º nos Estados Unidos. A música entrou no *setlist* do Queen, tanto nas turnês de *The Game*, como na do álbum seguinte, *Hot Space*, em 1982.

Freddie Mercury: Vocais, vocais de apoio, piano Bosendorfer e sintetizador Oberheim

Brian May: Guitarra Red Special e vocais de apoio

John Deacon: Baixo Fender Precision

Roger Taylor: Bateria Ludwig e vocais de apoio

DRAGON ATTACK

autoria: Brian May | arranjos: Brian May
produção: Queen e Reinhold Mack
engenharia e mixagem: Reinhold Mack
gravada em: Musicland – 1980

A história de "Dragon Attack" é uma das mais divertidas das sessões de *The Game*. A música surgiu em meio a uma "bagunça organizada" quando o Queen decidiu fazer uma *jam session* no Mountain Studios, que havia sido adquirido pelo grupo. O único problema é que a banda tinha consumido, digamos, algumas doses extras de uísque. Por conta disso, o resultado final desse som não foi dos mais homogêneos. Ainda assim, a base instrumental original (criada a partir de um *riff* de Brian May) foi registrada e finalizada posteriormente pela banda, com a letra da faixa assinada por May. O conteúdo lírico de "Dragon Attack", a propósito, é bem minimalista e não fala sobre um assunto específico. A faixa acabaria como lado B de "Another One Bites the Dust", no Reino Unido.

Tocada ao vivo em diversas turnês do Queen pela década, quase sempre como um link de "Now I'm Here".

Freddie Mercury: Vocal e vocais de apoio
Brian May: Guitarra Red Special e vocais de apoio
John Deacon: Baixo Fender Precision
Roger Taylor: Bateria Ludwig e vocais de apoio

ANOTHER ONE BITES THE DUST

autoria: John Deacon
arranjos: John Deacon
produção: Queen e Reinhold Mack
engenharia e mixagem: Reinhold Mack
gravada em: Musicland – 1980

Mais uma "estreia" para o Queen. Desta feita, "Another One Bites the Dust" (expressão que significa "mais um que se foi..."), uma faixa cheia de groove, se tornaria a primeira composição da banda assinada por John Deacon a atingir o *status* de *hit*. Deacon conta que a soul music, estilo que ele curtia bastante na infância, o influenciou na criação desta música. Assim, com "Another One Bites the Dust" agradando aos fãs, o contrabaixista tinha em mente influenciar o grupo para produzir mais canções nessa vertente. De fato, o Queen já vinha flertando com ritmos mais dançantes desde *News of the World*, culminando com "Fun It", incluída em *Jazz*. O ápice desse laboratório aconteceria em *The Game*, contando, inclusive, com a gravação de loops de bateria – muito a contragosto de Roger Taylor.

"Another One Bites the Dust", por sua vez, seria desenvolvida pelo Queen no Musicland, a partir de uma demo com guitarra e piano tocada

MASTERS

por John Deacon. A partir desta base, a faixa ganharia corpo com a participação definitiva de Brian May. O guitarrista usou um pedal harmonizer que deu um toque especial no arranjo, simulando os efeitos de sintetizador (uma repetição da experiência bem-sucedida com "Get Down, Make Love").

Um detalhe interessante é a presença do baixo Music Man e não o já consagrado Fender Precision que John Deacon sempre utilizou, coincidentemente a Music Man era a empresa que Leo Fender (o fundador da famosa guitarra homônima) criou após a venda da Fender para o grupo CBS.

Ironicamente, "Another One Bites the Dust" chegaria em primeiro, tanto no Reino Unido como nos EUA, apesar de o Queen ter detestado, a princípio, a ideia de lançá-la como *single*. O lançamento acabou se dando por uma efusiva sugestão de ninguém menos que Michael Jackson, que frequentemente assistia aos shows do Queen nos EUA. A aposta deu certo!

Freddie Mercury: Vocal e vocais de apoio
Brian May: Guitarra Red Special e pedal harmonizer
Roger Taylor: Bateria Ludwig
John Deacon: Baixo Music Man Stingray e Guitarra Fender Telecaster

NEED YOUR LOVING TONIGHT

autoria: John Deacon
arranjos: John Deacon
produção: Queen e Reinhold Mack
engenharia e mixagem: Reinhold Mack
gravada e mixada em: Musicland – 1980

Apesar de não ter sido o estrondoso sucesso que a banda esperava, "Need Your Loving Tonight" – outra faixa criada por John Deacon – foi muito executada pelas rádios em todo mundo. Inclusive no Brasil, onde agradou bastante. O *riff* de guitarra executada por Brian May foi o divisor de águas, dando o "toque Queen" à música. John Deacon toca violão, ao contrário dos rumores de que Freddie Mercury, por assumir o instrumento na faixa seguinte, seria o também o instrumentista em "Need Your Loving Tonight".

Lançada como *single*, a canção atingiu somente a posição de número 44 no Reino Unido.

Freddie Mercury: Vocal e vocais de apoio
Brian May: Guitarra Red Special
Roger Taylor: Bateria Ludwig
John Deacon: Baixo Fender Precision, violão Ovation e guitarra Fender.

CRAZY LITTLE THING CALLED LOVE

autoria: Freddie Mercury | arranjos: Freddie Mercury
produção: Queen e Reinhold Mack
engenharia e mixagem: Reinhold Mack
gravada em: Musicland – 1979

"Crazy Little Thing Called Love" foi concebida de forma, no mínimo, inusitada. O Queen estava na estrada para promover o álbum *Jazz*, e durante um intervalo entre shows, Freddie Mercury foi ao banheiro no hotel Hilton em Munique e teve a ideia de compor algo no estilo rockabilly, que lembrasse as primeiras canções interpretadas por Elvis Presley. Assim, logo após a apresentação da banda, Freddie Mercury apanhou seu violão Martin D18 para gravar uma fita demo usando os poucos – mas efetivos – acordes que conhecia naquela época. A performance de Mercury ao violão seria mantida na versão final da faixa em *The Game*.

Uma faixa básica produzida pelo Queen (sem a participação de May), antes mesmo das sessões do LP, não havia sido cogitada de imediato para entrar em *The Game*. Somente no final das gravações – exatamente no último dia dos trabalhos – a banda voltaria a dar atenção à música. Por conta disso, foram gravados a toque de caixa todos os elementos que deram à música o seu formato, inclusive os solos e licks de guitarra, feitos em uma Telecaster da coleção particular de Roger Taylor. A contribuição de Mack no desenvolvimento da música seria definitiva. O produtor deu a sugestão de gravar a faixa um pouco fora dos padrões usuais do Queen. A seu pedido, um amplificador Mesa Boogie foi plugado à guitarra de Brian May para obter uma sonoridade mais retrô durante o solo rockabilly. O objetivo foi alcançado. E todos ficariam ainda mais orgulhosos após saber que John Lennon teria se inspirado no clima de "Crazy Little Thing Called Love" para criar alguns dos timbres de seu álbum *Double Fantasy* (infelizmente, como viria a ser, o último de sua carreira e vida).

Inicialmente lançada como *single* apenas no Reino Unido (onde atingiria o 2º lugar ao lado da versão Fast Live de "We Will Rock You"), "Crazy Little Thing Called Love" acabou no mercado norte-americano depois de ter sido executada à exaustão pelas rádios dos Estados Unidos. O resultado disso foi o primeiro nº 1 do Queen nas paradas do Tio Sam.

"Crazy Little Thing Called Love" fez parte dos *setlists* do Queen até os últimos shows do grupo, sempre com Freddie Mercury ao violão.

Freddie Mercury: Vocal e violão Martin D 18

Brian May: Guitarra Fender Telecaster, amplificador Mesa Boogie e vocais de apoio

John Deacon: Baixo Fender Precision

Roger Taylor: Bateria Ludwig e vocais de apoio

ROCK IT (PRIME JIVE)

autoria: Roger Taylor
arranjos: Roger Taylor
produção: Queen e Reinhold Mack
engenharia e mixagem: Reinhold Mack
gravada em: Musicland – 1980

Canção escrita por Taylor com a participação do produtor Reinhold Mack tocando sintetizador e Freddie Mercury no órgão Hammond. Duas versões da faixa foram produzidas: uma com Mercury no vocal principal (a preferida de Brian May) e a outra com Roger Taylor (a versão favorita de Mack e Deacon). Para evitar uma disputa interna, o produtor alemão decidiu fazer um *mix* com os dois vocais, e o experimento acabou se transformando no produto final que ouvimos em *The Game*. Outra curiosidade das sessões: o baixo de "Rock It" teria sido gravado pelo próprio Roger Taylor – fato ainda a ser confirmado.

Freddie Mercury: Vocal, órgão Hammond e vocais de apoio

Brian May: Guitarra Red Special e vocais de apoio

John Deacon: Baixo Fender Precision

Roger Taylor: Vocal, vocais de apoio, sintetizador e bateria Ludwig

Reinhold Mack: Sintetizador Oberheim

DON'T TRY SUICIDE

autoria: Freddie Mercury | arranjos: Freddie Mercury
produção: Queen e Reinhold Mack
engenharia e mixagem: Reinhold Mack
gravada em: Musicland – 1980

O próprio título desta composição de autoria de Freddie Mercury diz tudo: "Não tente o suicídio". A mensagem na letra é objetiva e ao mesmo tempo bem-humorada: "Você precisa da vida... e ninguém liga a mínima se (você morrer)." "Don't Try Suicide" traz ainda uma inovação na parte instrumental. Pela primeira vez em um álbum do Queen, John Deacon usa a técnica do *slap*. A inspiração para as linhas de baixo fora do padrão da banda foi inspirada pelos contrabaixistas de fusion – estilo popular no início dos anos 80. A canção é uma das poucas faixas trabalhadas pelo Queen naquele período que nunca foi tocada ao vivo.

Freddie Mercury: Vocal e piano Bosendorfer
Brian May: Guitarra Red Special
John Deacon: Baixo Fender Precision, violão e guitarra Fender
Roger Taylor: Bateria Ludwig

SAIL AWAY SWEET SISTER

autoria: Brian May | arranjos: Brian May
produção: Queen e Reinhold Mack
engenharia e mixagem: Reinhold Mack
gravada em: Musicland – 1979

Gravada no verão de 1979, no primeiro intervalo da turnê promocional do álbum *Jazz*, "Sail Away Sweet Sister" é uma composição de Brian May que revisita o espírito de glamour presente em discos anteriores da banda. Na faixa, temos o retorno de arranjos mais rebuscados, com harmonias vocais, inúmeros *overdubs* de guitarra e outros requintes com a marca registrada do Queen.

Na letra de "Sail Away Sweet Sister", composta por Brian, os versos falam sobre uma irmã que o "guitarrista nunca teve" (To the sister I never had...), demonstrando toda sua frustração de ser filho único. A música nunca foi tocada ao vivo pelo Queen. Em 1998, Brian May resgatou a canção

para sua turnê solo *Another World Tour*.
Freddie Mercury: Vocal
Brian May: Vocal, guitarra Red Special, sintetizador e violão
John Deacon: Baixo Fender Precision
Roger Taylor: Bateria Ludwig

COMING SOON

autoria: Roger Taylor | arranjos: Roger Taylor
produção: Queen e Reinhold Mack
engenharia e mixagem: Reinhold Mack
gravada em: Musicland – 1979

Assim como "Sail Away Sweet Sister", esta faixa é uma das remanescentes das sessões de 1979, composta por Roger e gravada pelo Queen durante as sessões no meio da turnê de *Jazz*. De fato, a versão incluída em *The Game* foi completamente regravada pela banda. Embora apresente solos e *riffs* de guitarra, bem roqueiros, a faixa foi criada com o público *new wave* como alvo principal. "Coming Soon" seria ainda lançada como lado B de "Play the Game", mas a escolhida da vez acabou sendo "Human Body" – canção que, curiosamente, deu lugar a "Coming Soon" em *The Game*.

Roger queria lançar "A Human Body", porém Mercury e May vetaram-na, pois achavam que ela não combinava com o clima festivo da maioria das canções do álbum.

Freddie Mercury: Vocais e vocais de apoio
Brian May: Guitarra Red Special
John Deacon: Baixo Fender Precision
Roger Taylor: Vocais, bateria Ludwig e sintetizador Oberheim

SAVE ME

autoria: Brian May | arranjos: Brian May
produção: Queen e Reinhold Mack
engenharia e mixagem: Reinhold Mack
gravada em: Musicland – 1979

"Save Me" é mais uma das faixas gravadas no verão de 1979, apresentadas ao público durante a turnê mundial da banda – bem antes de entrar

em *The Game*. No decorrer das sessões, a música acabaria sendo escolhida como *gran finale* do álbum. E para fechar o disco em grande estilo, a faixa ganhou um tratamento mais sofisticado e cuidadoso. Com "Save Me", o Queen retoma os arranjos clássicos dos primeiros discos, como já fizera no mesmo álbum em "Sail Away Sweet Sister".

A origem da letra (melancolicamente romântica), segundo Brian May, teria sido sobre o fim de um relacionamento de um amigo, que teria sofrido muito com a perda da namorada. Fortes rumores que circularam na época deram a entender de que os versos da música falavam mesmo sobre o término do namoro entre Freddie Mercury e Mary Austin. A história nunca foi confirmada.

"Save Me" foi o segundo *single* extraído do álbum, alcançando a posição de número 11 nas paradas britânicas. Um vídeo promocional para a música foi dirigido por Keith "Keif" McMillan. Este vídeo mistura imagens da banda com animações produzidas pelo próprio Keith.

Freddie Mercury: Vocais e vocais de apoio
Brian May: Guitarra, violão Martin D 18, piano Bosendorfer e vocais de apoio
John Deacon: Baixo Fender Precision
Roger Taylor: Bateria Ludwig e vocais de apoio

NO BAÚ DE *THE GAME*

Músicas trabalhadas nas sessões, mas que ficaram de fora do álbum: "A Human Body", "Beatiful Day", "Sandbox", "Football Fight", "The Kiss (Aura Ressurects Flash)", e provavelmente diversas canções de *Fun in Space*, de Roger Taylor.

QUEEN

— OS ÁLBUNS —

CAPÍTULO 10
Flash Gordon

O primeiro ano da década de 80 foi realmente um ano diferente e excitante para o Queen. Após o lançamento de *The Game* e os primeiros *top charts* nas paradas americanas com "Crazy Little Thing Called Love" e "Another One Bites the Dust" a demanda por shows e compromissos foi aumentada drasticamente.

Nesse período a banda também embarcou num projeto diferente e ousado para uma banda de rock, gravar toda a trilha sonora do filme *Flash Gordon*, de Dino de Laurentis, produtor de cinema italiano, que dentre outros produziu os dois primeiros filmes da saga *Conan*, estrelada por Arnold Schwarzenegger.

Dino de Laurentis estava trabalhando na refilmagem do clássico *Flash Gordon* e alguém recomendou a ele que procurasse o Queen para

MASTERS

trilha sonora. Mesmo sem conhecer a banda Dino seguiu o conselho e resolveu procurá-los.

Apesar de três terços da banda não terem se empolgado muito com a ideia, Roger Taylor, como já citado, era um grande fã de ficção científica e de cara se empolgou com o projeto, convencendo os outros a embarcarem nele. O mais interessante é que mesmo sendo reticente inicialmente, Brian se interessou tanto pelo projeto que acabou coproduzindo o álbum junto com Reinhold Mack. Isso de alguma forma acabou gerando um certo mal-estar entre os membros da banda, que nunca havia sido produzida por um de seus integrantes.

As sessões iniciaram junto com as de *The Game*, por isso várias faixas de *Flash Gordon* foram gravadas nesse período. Porém o álbum só foi concluído em outubro de 1980 no intervalo das turnês que a banda estava realizando devido ao sucesso de *The Game*. As sessões de outubro ocorreram de forma muito parecida das de *A Night at the Opera* com a banda dividida entre os estúdios, já que o tempo era curto para conclusão do álbum.

Em *Flash Gordon* a banda voltou a trabalhar na Inglaterra, mais precisamente nos estúdios The Townhouse, The Music Centre e Advision Studios, sendo que dentre esses retornaria apenas ao The Townhouse, futuramente utilizado em *A Kind of Magic* e *The Miracle*.

As orquestrações foram arranjadas por Howard Blake e gravadas no Anvil Studios em Londres, estúdio que ficava dentro do complexo cinematográfico Denham e que curiosamente foi demolido logo após as gravações de *Flash Gordon*. Howard não era o escolhido inicial da banda. Eles haviam optado por Paul Buckmaster que já trabalhara com The Rolling Stones e Elton John, porém após algumas semanas e com as datas já limitadas eles descobriram que Paul não havia realizado mais que alguns fragmentos. Howard, um arranjador inglês especialista em trilhas de filmes, foi contratado com a incumbência de entregar o trabalho em cerca de dez dias. O excesso de trabalho acabou inclusive adoecendo Howard que teve pneumonia após a entrega, porém os arranjos foram concluídos a contento na data correta. Conta-se que Howard ficou um pouco chateado já que boa parte dos seus arranjos acabou ficando de fora do disco e sendo substituída por sintetizadores executados pelos membros do Queen.

Apesar deste fato, Howard sempre afirmou que o relacionamento dele com os membros do Queen era muito bom. Ele, inclusive, havia dado algumas sugestões a Brian May para a faixa de abertura e ajudado Freddie a trabalhar nos seus falsetes para a faixa "The Kiss". Um fato interessante é que o líder da orquestra de *Flash Gordon* era Sidnei Sax que já havia trabalhado em diversas gravações clássicas dos Beatles, tais como: "Yesterday", "Eleanor Rigby" e "All You Need Is Love", por exemplo.

O sistema de composição da banda era: eles assistiam trechos do filme e quando algo ocorria de importante eles compunham um tema no sintetizador, sendo que posteriormente gravavam outros instrumentos, se necessário fosse. Assim se desenvolveu todo o álbum que tem dezoito faixas, mas somente duas delas no formato de canção a ser vendida ao público. Na maioria dos casos as faixas tinham somente um ou dois membros da banda tocando.

Alguns críticos afirmam que o Queen errou ao lançar a trilha como um álbum da banda, já que o conteúdo ali era bem distinto dos discos do grupo. Apesar desse fato a maioria das críticas foram surpreendentemente positivas, por exemplo, a revista *Sounds* escreveu: "Assim como o filme a trilha sonora de *Flash Gordon* é uma coisa extraordinária."

FLASH GORDON – FAIXA A FAIXA

FLASH'S THEME

autoria: Brian May
arranjos: Queen
produção: Brian May e Reinhold Mack
engenharia e mixagem: Alan Douglas
gravada em: The Townhouse,
The Music Center e Advision – 1980

Uma das canções do álbum no "formato Queen". Composta por Brian May a faixa tem em seu início o diálogo inicial do filme com a voz de Brain Blessed, interpretando o príncipe Vultan.

Essa faixa causou um pouco de desconforto entre o produtor Dino de Laurentis e o diretor do filme Mike Hodges. Dino não gostava da ideia de extrair um tema pop do personagem do filme, já Mike adorava. A paixão de Mike pela faixa era tanta que ele filmou o vídeo no Anvil Studios, onde cenas do filme são projetadas enquanto a banda trabalha.

"Flash's Theme" foi editada e lançada como *single*, tendo "Footbal Fight" como lado B, atingindo a décima posição nas paradas britânicas.

Freddie Mercury: Vocais e vocais de apoio

Brian May: Vocais, Guitarra Red Special, Piano Bosendorfer, sintetizador Oberheim OBX e vocais de apoio

John Deacon: Baixo Fender Precision

Roger Taylor: Bateria Ludwig e vocais de apoio

IN THE SPACE CAPSULE (THE LOVE THEME)

autoria: Roger Taylor | arranjos: Roger Taylor
produção: Brian May e Reinhold Mack
engenharia e mixagem: Alan Douglas
gravada em: The Townhouse, The Music Center
e Advision – 1980

Canção de Roger Taylor com a presença dele e de John Deacon nas gravações. A faixa foi escrita para acompanhar a chegada de Flash ao palácio de Ming e usada como condução até "Ming's Theme", de Freddie.

John Deacon: Guitarra Telecaster

Roger Taylor: Sintetizador Oberheim e tímpano

MING'S THEME
(IN THE COURT OF MING THE MERCILESS)

autoria: Freddie Mercury
arranjos: Freddie Mercury
produção: Brian May e Reinhold Mack
engenharia e mixagem: Alan Douglas
gravada em: The Townhouse, The Music Center,
Advision e Anvil – 1980

O diálogo entre Ming para o povo de Ardenia, pontuado pelo sintetizador de Freddie e os tímpanos de Roger.

Freddie Mercury: Sintetizador Oberheim OBX

Roger Taylor: Tímpano

Howard Blake: Orquestrações

THE RING (HYPNOTIC SEDUCTION OF DALE)
autoria: Freddie Mercury | arranjos: Freddie Mercury
produção: Brian May e Reinhold Mack | engenharia e mixagem: Alan Douglas
gravada em: The Townhouse, The Music Center
e Advision – 1980

Nada além de 57 segundos de música. Essa faixa está no meio de três canções de Freddie ("Ming's Theme", "The Ring" e "Football Fight") e nada mais é do que uma simples condução de sintetizador com gemidos da personagem Dale Arden.

Freddie Mercury: Sintetizador Oberheim OBX

FOOTBALL FIGHT
autoria: Freddie Mercury | arranjos: Freddie Mercury
produção: Brian May e Reinhold Mack | engenharia e mixagem: Alan Douglas
gravada em: The Townhouse, The Music Center e Advision – 1980

Uma das poucas canções do disco com a banda tocando em conjunto, essa faixa foi escrita por Freddie e utilizada na cena de luta entre Flash Gordon e os soldados de Ming, em que o herói usa uma bola de metal como arma.

Na reedição comemorativa de *Flash Gordon* (2011) dentre os bônus há a primeira versão da faixa com Freddie utilizando o piano ao invés do sintetizador Oberheim OBX.

Freddie Mercury: Sintetizador Oberheim OBX
Brian May: Guitarra Red Special
John Deacon: Baixo Fender Precision
Roger Taylor: Bateria Ludwig

IN THE DEATH CELL (LOVE THEME REPRISE)
autoria: Roger Taylor | arranjos: Roger Taylor
produção: Brian May e Reinhold Mack | engenharia e mixagem: Alan Douglas
gravada em: The Townhouse, The Music Center
e Advision – 1980

Reprise da segunda faixa do álbum, porém com outros diálogos inseridos e sem a presença da guitarra de John Deacon.

Roger Taylor: Sintetizador Oberheim e tímpano

EXECUTION OF FLASH

autoria: John Deacon | arranjos: John Deacon
produção: Brian May e Reinhold Mack
engenharia e mixagem: Alan Douglas
gravada: The Townhouse, The Music Center,
Advision e Anvil – 1980

Primeira faixa de John a aparecer no álbum, com o mesmo tocando guitarra e sintetizadores e a orquestra conduzindo brilhantemente a canção para a enigmática "The Kiss" de Freddie.

John Deacon: Sintetizador Oberheim e guitarra Fender Telecaster
Howard Blake: Orquestra

THE KISS (AURA RESSUCTS FLASH)

autoria: Freddie Mercury | arranjos: Freddie Mercury
produção: Brian May e Reinhold Mack
engenharia e mixagem: Alan Douglas
gravada em: The Townhouse, The Music Center,
Advision e Anvil – 1980

Fantástica vocalização de um tema modal cantado por Freddie em *multitrack* baseada no tema "Rocket Ship Flight", de Howard Blake, que já havia sido composto por ele para o filme.

Durante as sessões de *The Game* Freddie gravou uma demo que também aparece no bônus de 2011.

Freddie Mercury: Vocais e sintetizador Oberheim
Howard Blake: Orquestra

ARBORIA (PLANET OF THREE MAN)

autoria: John Deacon | arranjos: John Deacon
produção: Brian May e Reinhold Mack | engenharia e mixagem: Alan Douglas
gravada em: The Townhouse, The Music Center e Advision – 1980

Uma sonoridade sinistra de John proveniente do sintetizador abre o segundo lado (LP) de *Flash Gordon*. Faixa também carregada de diálogos do filme.

John Deacon: sintetizador Oberheim.

ESCAPE FROM THE SWAMP
autoria: Roger Taylor | arranjos: Roger Taylor
produção: Brian May e Reinhold Mack
engenharia e mixagem: Alan Douglas
gravada em: The Townhouse,
The Music Center e Advision – 1980

Um *mix* extraído do solo de tímpanos que Roger executava nos shows no final dos anos 70 com temas sombrios pontuados pelos sintetizadores.
Roger Taylor: Sintetizador Oberheim e tímpanos

FLASH TO RESCUE
autoria: Brian May
arranjos: Brian May
produção: Brian May e Reinhold Mack
engenharia e mixagem: Alan Douglas
gravada em: The Townhouse,
The Music Center e Advision – 1980

Edição de "Flash's Theme" com a inserção de diversos diálogos do filme.
Brian May: Edição

VULTAN'S THEME (ATTACK OF HAWKMEN)
autoria: Freddie Mercury
arranjos: Freddie Mercury
produção: Brian May e Reinhold Mack
engenharia e mixagem: Alan Douglas
gravada em: The Townhouse,
The Music Center e Advision – 1980

Composição pulsante de Mercury para a cena do ataque de Vultan a Ming e seus soldados, tocada por Roger Taylor e Freddie Mercury com os baixos executados via sintetizador, prática que seria comum na banda na década de 80.
Freddie Mercury: Sintetizador Oberheim
Roger Taylor: Bateria Ludwig

BATTLE THEME

autoria: Brian May | arranjos: Brian May
produção: Brian May e Reinhold Mack
engenharia e mixagem: Alan Douglas e Reinhold Mack
gravada em: The Townhouse,
The Music Center e Advision – 1980

Edição da faixa "The Hero" que irá finalizar o álbum, com alguns *overdubs* gravados por Brian May.

Brian May: Sintetizador, guitarra e edição da faixa

WEDDING MARCH

autoria: Brian May | arranjos: Brian May
produção: Brian May e Reinhold Mack
engenharia e mixagem: Alan Douglas
gravada em: The Townhouse,
The Music Center e Advision – 1980

Versão instrumental de "Wedding March" utilizada na cena de casamento de Ming e Dale. Ao invés de uma versão com a orquestra de Howard Blake, Brian decidiu fazer a sua própria utilizando o mesmo tipo de arranjo de "Procession" e "God Save the Queen", com quase uma dezena de guitarras gravadas em harmonia simulando os instrumentos de uma orquestra.

Brian May: Guitarra Red Special, amplificador Deacy e sintetizador
Roger Taylor: Bateria Ludwig

MARRIAGE OF DALE AND MING
(ON FLASH APPROACHING)

autoria: Brian May e Roger Taylor | arranjos: Brian May e Roger Taylor
produção: Brian May e Reinhold Mack
engenharia e mixagem: Alan Douglas
gravada em: The Townhouse,
The Music Center e Advision – 1980

Faixa de dois minutos com diversos diálogos extraídos do filme. Apresenta incidentalmente "Flash's Theme" em diversas passagens. É a única faixa do álbum creditada a mais de um integrante da banda.

Brian May: Guitarra Red Special e sintetizador
Roger Taylor: Bateria Ludwig

CRASH DIVE ON MINGO CITY
autoria: Brian May | arranjos: Brian May
produção: Brian May e Reinhold Mack
engenharia e mixagem: Alan Douglas
gravada em: The Townhouse, The Music Center e Advision – 1980

Mais uma edição de "Flash's Theme" com a adição de guitarras e tímpanos.

Brian May: Guitarra Red Special e sintetizador
Roger Taylor: Tímpanos

FLASH'S THEME REPRISE (VICTORY CELEBRATIONS)
autoria: Brian May | arranjos: Brian May
produção: Brian May e Reinhold Mack
engenharia e mixagem: Alan Douglas
gravada em: The Townhouse, The Music Center,
Advision, Anvil – 1980

O título da faixa diz tudo: O encerramento do filme com a "celebração da vitória". Novamente com edições de "Flash's Theme" e um diálogo entre Flash, Aura e Hans Zarkov. A diferença nesta faixa está na presença de algumas orquestrações de Howard Blake.

Brian May: Edição
Howard Blake: Orquestra

THE HERO
autoria: Brian May | arranjos: Brian May
produção: Brian May e Reinhold Mack
engenharia e mixagem: Reinhold Mack
gravada em: Utopia – 1980

Um dos arranjos mais complexos de *Flash Gordon*. Assim como "Flash's Theme" tem letra cantada por Freddie Mercury, com um detalhe interessante: segundo Brian, Freddie comentou: "Você sempre escreve essas canções altas para ferrar com minha bela voz."

Essa faixa foi iniciada numa versão demo por Brian May e o engenheiro Alan Douglas, com sintetizadores e bateria eletrônica. Somente depois, para a gravação do álbum, o resto da banda acabou se reunindo para terminá-la. Existem rumores que o *overdub* de guitarra não foi realizado com a Red Special de May, pois a mesma se encontrava em Munique para o trabalho no álbum *The Game*.

Freddie Mercury: Vocais

Brian May: Guitarra Red Special, guitarra desconhecida e piano

John Deacon: Baixo Fender Precision

Roger Taylor: Bateria Ludwig

Howard Blake: Orquestra

QUEEN

OS ÁLBUNS

CAPÍTULO 11
Hot Space

O álbum *Hot Space* é a prova contundente das transformações que geralmente acontecem a uma banda logo após atingir o 1º lugar nas principais paradas do mundo. É fato. Muita coisa mudaria no universo do Queen logo após a conquista da América com o sucesso do LP anterior, *The Game*. Em 1981, a banda cairia na estrada, em um investimento considerado arriscado: visitar pela primeira vez a então "obscura" América do Sul, tocando no Brasil e Argentina. Naquele período da história da música pop, os países vizinhos não tinham grande tradição em organizar eventos de grande porte. Em uma comparação, obedecendo às devidas proporções, o Queen foi recebido pelos brasileiros com a mesma dose de fanatismo e paixão que os Beatles tiveram ao pisar nos Estados Unidos em 1964. O balanço da excursão foi positivo: estádios transbordando, massiva cobertura jornalística e até

MASTERS

uma canja do ídolo (e fã do Queen) Diego Armando Maradona. Outro fato inegável: Brasil e Argentina entrariam de vez na rota das mega-atrações internacionais após a passagem avassaladora do Queen por seus territórios.

Vale citar aqui, em detalhes, as aventuras da banda pelo Brasil. As apresentações aconteceram no estádio do Morumbi nos dias 20 e 21 de março de 1981. No total, o público calculado passou de 200 mil enlouquecidos fãs e curiosos. Quem não conseguiu um dos disputados ingressos para o evento, teve de se contentar em assistir pela TV um programa especial que editou partes dos dois concertos. O item mais bizarro de todos ficou por conta das imagens do público. Por terem sido capturadas antecipadamente, a edição ficou bastante confusa: os gestos dos fãs pareciam estar perdidos em relação às músicas tocadas pelo Queen: totalmente fora de sincronia!

Na sequência da experiência sul-americana, a banda ainda passaria por duas experiências desastrosas, com show cancelado na Venezuela e banda hostilizada no México. Após esses shows a banda reiniciou os trabalhos para um novo disco de estúdio. O destino do Queen, claro, seria o Musicland, em Munique, que dera bastante sorte na produção de *The Game*. E novamente sob tutela de Reinhold Mack, na coprodução do LP. Mas nem tudo ocorreria como o planejado. Nunca foi segredo que o grupo costumava discutir bastante dentro do estúdio. O problema é que nas sessões que dariam vida a *Hot Space*, estas brigas chegariam a um ponto extremo. Quase sem retorno. A casa ficou dividida no Queen da seguinte forma: Freddie e John queriam aproveitar a onda funk, explorada com grande sucesso com o *single* "Another One Bites the Dust". Roger Taylor não pensava desta forma. A ideia do baterista era criar músicas na nova onda do new wave... Já Brian May, não curtia muito nenhum dos outros gêneros, e não via a hora de retomar o hard rock – estilo que lançara a banda no começo da carreira. As diferenças musicais levaram os integrantes a se separarem. Ao menos, dentro do estúdio. Assim, as faixas de *Hot Space* acabariam sendo produzidas sem a união do grupo. De fato, muitas composições acabaram sendo gravadas mais como trabalhos individuais do que um típico disco do Queen.

Para agravar a situação, a falta de consenso nas gravações terminaria por influenciar na união dos membros fora do estúdio. Enquanto Freddie Mercury curtia as baladas de Munique, Brian e Roger aproveitavam os momentos de folga com amigos particulares, sem ligação com o Queen. Já John Deacon, assim que terminavam as sessões, não dispensava retornar para casa e aproveitar os momentos com a família, em Londres. Se por um lado não tinham acabado a amizade, a falta de contato nas horas de lazer dava algumas pistas de que a banda já não era tão unida como em outros tempos.

Entre tantas baixas, talvez o mais memorável evento da "era *Hot Space*" tenha sido o encontro do Queen com outra lenda do rock: David Bowie. O Camaleão se tornaria o primeiro mega *star* a trabalhar em uma parceria com a banda, na gravação do *hit* "Under Pressure". Desentendimentos à parte, a música se tornaria uma favorita do público em todo o planeta, salvando, de certa forma, a pele do álbum do ponto de vista comercial. E por falar em paradas de sucesso, *Hot Space* ficou famoso por se tornar o primeiro disco do Queen a não atingir o Top 20 da *Billboard* nos Estados Unidos. Mas se por um lado o álbum se tornaria um fracasso de vendas para os padrões da banda, a sempre crítica imprensa inglesa acabou por receber o trabalho de forma positiva. O LP recebeu ótimas notas dos britânicos – os mesmos que sempre malharam o grupo em seus momentos mais criativos. Se as críticas jornalísticas a *Hot Space* foram positivas, o mesmo não pode ser dito da avaliação feita pelo próprio Queen de seu trabalho. Para Brian May, o período de gravações do álbum "é um período a ser esquecido". Ele nunca escondeu seu descontentamento com quase tudo relacionado ao disco – e com as turnês daquela fase. Segundo o guitarrista, pela primeira vez na história da banda ele se sentiu entediado em cima de um palco, aguardando com ansiedade o fim dos shows. Os demais integrantes do Queen, se não concordaram com quase nada em relação às músicas de seu último álbum, ao menos estava certos de uma coisa: *Hot Space* foi um álbum experimental que não deu certo.

HOT SPACE – FAIXA A FAIXA

STAYING POWER
autoria: Freddie Mercury | arranjos: Freddie Mercury
produção: Queen e Reinhold Mack
engenharia e mixagem: Reinhold Mack e David Richards
gravada em: Musicland e Atlantic – 1980

A faixa de abertura do disco (composta por Freddie Mercury) dá o tom das mudanças que desfilariam em *Hot Space*. E quase de ponta a ponta: John Deacon na guitarra elétrica principal, sintetizadores tocados por Freddie Mercury e bateria eletrônica no comando de Roger Taylor. O lendário (e saudoso) produtor Arif Mardin (Bee Gees, Aretha Franklin, Norah Jones) entra em cena com um arranjo de instrumentos de sopro – o primeiro em uma canção do Queen. Ao vivo, enquanto Deacon se ocupava com as guitarras, Morgan Fisher ou Fred Mandel, dependendo da turnê, davam conta dos sintetizadores que fizeram a vez do baixo.

"Staying Power" foi lançada nos EUA como o último *single* do álbum, acompanhada por "Back Chat" em seu lado B. Por ter sido lançada após a turnê norte-americana de 1982, a faixa não chegou a emplacar como a banda queria. A canção seria uma das mais executadas de *Hot Space* em shows, logo atrás de "Under Pressure", permanecendo no repertório do Queen nos shows da excursão que promoveu o álbum *The Works*.

Freddie Mercury: Vocal, vocais de apoio e sintetizador
Brian May: Guitarra Red Special
John Deacon: Guitarra Fender Telecaster
Roger Taylor: Bateria eletrônica
Arif Mardin: Arranjos de metais

DANCER

autoria: Brian May | arranjos: Brian May
produção: Queen e Reinhold Mack | engenharia e mixagem: Reinhold Mack
gravada em: Musicland – 1980

Esta faixa traz de volta o funk com a marca registrada do Queen, além de mais e mais sintetizadores substituindo os instrumentos convencionais. Desta vez, Brian May assume os synths que fazem o trabalho do baixo de John Deacon. Para dar uma pegada diferente da canção de abertura, May dá seu toque particular ao arranjo, injetando guitarras pesadas ao *mix*. Curiosidade: uma mensagem do serviço de despertador de um hotel de Munique foi adicionada ao final da faixa.

Brian May algumas vezes afirmou que "Dancer" é uma faixa que ele gostaria de gravar de novo, pois detestava o seu resultado final.

"Dancer" nunca foi tocada ao vivo pela banda e, embora tenha todas as características de uma faixa para ser tocada nas rádios, não chegou a ser comercializada como *single*.

Freddie Mercury: Vocal e vocais de apoio
Brian May: Guitarra Red Special, vocais de apoio e sintetizador
John Deacon: Baixo Fender Precision
Roger Taylor: Bateria Ludwig e vocais de apoio

BACK CHAT

autoria: John Deacon | arranjos: John Deacon
produção: Queen e Reinhold Mack
engenharia e mixagem: Reinhold Mack e David Richards
gravada em: Mountain – 1981

Com "Back Chat", o Queen prossegue sua apoteose nas pistas, produzindo mais uma composição cheia de funk e swing. Desta vez, John Deacon volta ao baixo e assume o piano e a guitarra na faixa de sua autoria, que supostamente traz em seus versos alguns comentários sobre os conflitos enfrentados pela banda naquele momento. Mais uma vez, Brian May decide adicionar alguns *riffs* de guitarra mais pesados, por achar que a sonoridade original da faixa estava muito branda – principalmente por abordar temas como discussões e desentendimentos.

Um vídeo para divulgar a canção foi produzido em julho de 1982 por Brian Grant, e mais tarde incluído como faixa-bônus do DVD *Greatest Videos Hits II*. "Back Chat" foi tocada ao vivo somente na turnê promocional de *Hot Space*.

Freddie Mercury: Vocal, vocais de apoio e sintetizador
Brian May: Guitarra Red Special
John Deacon: Baixo Music Man, guitarra Fender Telecaster e bateria programada.

BODY LANGUAGE

autoria: Freddie Mercury | arranjos: Freddie Mercury
produção: Queen e Reinhold Mack
engenharia e mixagem: Reinhold Mack e David Richards
gravada em: Musicland – 1982

Influenciado pelo som de Michael Jackson, seu amigo particular, Freddie Mercury não só é o compositor principal de "Body Language", como faz qua-

MASTERS

se tudo na faixa – com uma pequena ajuda de Brian May, é verdade. A letra de "Body Language", como indica o título (linguagem corporal), aborda temas como sexo e sensualidade. O tema, tratado dessa forma aberta, não agradou muito a Brian, mas Freddie bateu o pé, e os versos não foram alterados.

Para promover a faixa, um vídeo foi filmado em Toronto, no Canadá. O destaque fica por conta das garotas que aparecem em trajes eróticos, o que levou o clipe a ser banido em diversos países. O desempenho de "Body Language", entretanto, não foi dos melhores. A música chegou ao 11° nos Estados Unidos, mas sequer bateu no Top 20, no Reino Unido, atingindo somente a 25ª colocação nas paradas da Terra da Rainha.

"Body Language" chegou a ser executada ao vivo em pouquíssimos momentos durante a turnê de promoção do álbum *Hot Space*, com um arranjo mais "orgânico" e, desta feita, com as participações de Roger e John (que não estiveram presentes na versão de estúdio).

Freddie Mercury: Vocal, vocais de apoio, sintetizador Roland Jupiter / Oberheim OBX e bateria programada

Brian May: Guitarra Red Special

ACTION THIS DAY

autoria: Roger Taylor
arranjos: Roger Taylor
produção: Queen e Reinhold Mack
engenharia e mixagem: Reinhold Mack
gravada em: Musicland – 1982

Sir Winston Leonard Spencer Churchill (1874-1965) foi um dos maiores estadistas da história do Reino Unido e uma das figuras centrais da Segunda Grande Guerra Mundial. O ex-primeiro ministro britânico e vencedor do Nobel de Literatura também ganhou fama por citar algumas frases de efeito. Entre elas "action this day!" (algo como, "a ação tem de ser agora" – uma referência às suas constantes ordens de ataque no teatro de guerra europeu).

A frase de Churchill foi aproveitada por Roger Taylor e aplicada a sua composição, incluída em *Hot Space* como mais uma experiência do Queen no mundo da discoteca. Ao invés do "faça a guerra" do estadista britânico, Taylor preferiu escolher o "amor" como tema central de sua canção. Dentro do estúdio, a bateria convencional foi substituída pela eletrônica, tocada pelo produtor Mack (responsável também pelo sintetizador Oberheim).

Tocada ao vivo somente na turnê *Hot Space*.

Freddie Mercury: Vocal

Brian May: Guitarra Red Special

John Deacon: Baixo Fender Precision

Roger Taylor: Vocal, vocais de apoio, bateria Ludwig, bateria eletrônica Simmons e sintetizador Roland Jupiter 8

Mack: Sintetizador Oberheim OBX

PUT OUT THE FIRE

autoria: Brian May
arranjos: Brian May
produção: Queen e Reinhold Mack
engenharia e mixagem: Reinhold Mack
gravada em: Musicland – 1982

Depois de tantos sintetizadores e *grooves* das faixas anteriores, *Hot Space* traz um pouco de alívio aos fãs mais radicais do Queen. Isso porque "Put Out the Fire" é uma composição de autoria de Brian May. Averso ao beat funk e às nuances da discoteca, o guitarrista traz de volta ao álbum o som do instrumento que definiu e popularizou o grupo inglês nos anos 70. E não apenas isso: com muitos efeitos de distorção. A letra também é uma fuga dos temas comuns abordados pela banda. Em "Put Out the Fire", Brian May protesta contra o uso das armas de fogo, com a inspiração central no trágico evento de 8 de dezembro de 1980 que tirou a vida de John Lennon.

No estúdio, Brian May atravessou alguns obstáculos para construir o solo que tinha em mente. Depois de diversos *takes* e um *break* para espairecer (e beber um monte de drinques!), o guitarrista pediu ao produtor Reinhold Mack que injetasse bastante eco em sua guitarra. Brian gostou do que ouviu e acabou gravando tudo em apenas um *take*.

A faixa foi lançada como lado B de "Calling All Girls" em julho de 1982, com pouco sucesso. Tocada ao vivo durante apenas durante toda a turnê *Hot Space*.

Freddie Mercury: Vocal e vocais de apoio

Brian May: Guitarra Red Special e vocais de apoio

John Deacon: Baixo Fender Precision
Roger Taylor: Vocal, vocais de apoio, bateria Ludwig e bateria eletrônica Simmons

LIFE IS REAL (SONG FOR LENNON)

autoria: Freddie Mercury
arranjos: Freddie Mercury
produção: Queen e Reinhold Mack
engenharia e mixagem: Reinhold Mack
gravada em: Mountain – 1981

Como o título abertamente diz, "Life Is Real" é uma "canção para Lennon". Um tributo ao Beatle assinado por Freddie Mercury, e um consolo para os fãs do músico tragicamente assassinado em dezembro de 1980. O Queen, de fato, ficara sabendo da morte de John Lennon enquanto se apresentava na Wembley Arena, em Londres, no meio da turnê promocional de *The Game*. Por conta disso, a banda decidiu tocar "Imagine" ao vivo até o final daquela excursão. Uma bela homenagem do Queen, por meio da canção a qual Lennon é universalmente relacionado, principalmente após a tragédia de 08/12/1980.

A letra, assim como em "Killer Queen", foi escrita antes dos arranjos. "Life Is Real" foi concebida durante um voo de Londres a Nova Iorque e aborda os problemas que o sucesso pode trazer. No caso, uma referência ao "fã" que assassinou John Lennon minutos após conseguir um autógrafo na capa do LP *Double Fantasy*. O título da faixa, não por coincidência, é uma referência a "Love", canção incluída no álbum *Plastic Ono Band*, lançado em 1970 – o primeiro disco solo com músicas compostas de forma tradicional (e não como nos trabalhos experimentais anteriores de Lennon, como *Two Virgins*).

"Life Is Real" acabou sendo lançada apenas como lado B do *single* "Body Language", mas poucas vezes executada ao vivo pelo Queen durante a turnê *Hot Space*.

Freddie Mercury: Vocal, piano Steinway e Sintetizador Oberheim OBX
Brian May: Guitarra Red Special e violão
John Deacon: Baixo Fender Precision
Roger Taylor: Bateria Ludwig e bateria Eletrônica

CALLING ALL GIRLS

autoria: Roger Taylor
arranjos: Roger Taylor
produção: Queen e Reinhold Mack
engenharia e mixagem: Reinhold Mack
gravada em: Musicland – 1982

Além de apresentar Roger Taylor na guitarra, o destaque de "Calling All Girls" – faixa de autoria do baterista do Queen – ficou por conta do vídeo produzido para a promoção do *single*. Com efeitos especiais e androides que lembram um pouco os personagens de *Star Wars*, o clipe seria incluído anos mais tarde na compilação do DVD *Greatest Video Hits II*. Como música, "Calling All Girls" não fez muito para elevar o moral do álbum, atingindo apenas a 60ª posição nas paradas norte-americanas.

Freddie Mercury: Vocais e vocais de apoio
Brian May: Guitarra Red Special e violão Ovation
John Deacon: Baixo Fender Precision
Roger Taylor: Bateria Ludwig, bateria eletrônica Simmons e guitarra

LAS PALABRAS DE AMOR
(THE WORDS OF LOVE)

autoria: Brian May
arranjos: Brian May
produção: Queen e Reinhold Mack
engenharia e mixagem: Reinhold Mack
gravada em: Musicland – 1982

Assim como ocorrera em "Teo Torriate", de *A Day at the Races*, Brian May aparece com uma composição em homenagem a dois povos latinos que receberam o Queen com respeito, carinho e, acima de tudo, muita paixão. Falamos aqui, claro, de Argentina e Brasil – países visitados pela primeira vez na história da banda durante a turnê *South America Bites the Dust*. Mais do que um tributo, "Las Palabras de Amor" se transformaria em um hino de paz, com o bônus de ser uma canção escrita por um inglês no auge da guerra entre o Reino Unido e Argentina, que brigavam pela posse das Ilhas Malvinas (ou Falklands, para os britânicos). Mais ou menos na

mesma época, Paul McCartney lançaria o hino pacifista "Pipes of Peace", que acabaria sendo recebido como uma mensagem de acalento em meio àquela disputa internacional.

"Las Palabras de Amor" foi lançada como *single* e acabaria atingindo a razoável posição de número 17 nas paradas britânicas. Com a ausência de um clipe gravado especificamente para a promoção da música, o Queen decidiu usar a gravação de sua apresentação no programa *Top of the Pops* da BBC (10/06/1982) para divulgar a faixa.

Freddie Mercury: Vocais e vocais de apoio
Brian May: Vocal, vocal de apoio, guitarra Red Special, violão de 12 cordas, slide guitar, piano e sintetizador Roland Jupiter 8
John Deacon: Baixo Fender Precision
Roger Taylor: Vocais de apoio e bateria Ludwig

COOL CAT

autoria: John Deacon e Freddie Mercury
arranjos: Brian May
produção: Queen e Reinhold Mack
engenharia e mixagem: Reinhold Mack
gravada em: Mountain – 1981

Composta e gravada por Freddie Mercury e John Deacon, "Cool Cat" é outra faixa que conta com a participação de apenas "metade" do

Queen no estúdio. A justificativa para a ausência de Taylor e May é simples de ser explicada: nenhum dos dois era entusiasta do estilo dançante do funk produzido naquela altura dos anos 80.

Gravada na segunda metade de 1981 e batizada inicialmente de "Wooly Hat" no início das sessões de *Hot Space*, a faixa apresenta Mercury cantando em falsete, em sua melhor imitação do estilo da diva Aretha Franklin. John aparece tocando diversos instrumentos, além do usual baixo: guitarra, sintetizador e bateria programada. A ideia original da banda era utilizar "Cool Cat" como lado B de "Under Pressure", mas a canção seria substituída pela espetacular "Soul Brother" (que não apareceria em CD até sair em CD *single* junto com "Heaven for Everyone", em 1995).

Há uma versão da faixa com um vocal "a la rap" feito por David Bowie, mas que acabou sendo vetada pelo próprio David, um dia antes da data programada para lançamento do álbum. Esse fato acabou atrasando o lançamento de *Hot Space*.

Freddie Mercury: Vocais, vocais de apoio e sintetizador Oberheim

John Deacon: Baixo Fender Precision, guitarra Fender Telecaster e bateria programada Lynn Drum

UNDER PRESSURE

autoria: Queen e David Bowie,
arranjos: Queen e David Bowie
produção: Queen e Reinhold Mack
engenharia e mixagem: Reinhold Mack
gravada em: Mountain e Power Station – 1981

Em julho de 1981, logo após a bem-sucedida série de shows pela América do Sul, o Queen retornou a Montreux para tentar produzir alguma coisa nova em seu estúdio particular. Exausta por conta da turnê e pelo esforço conjunto para produzir as faixas da trilha do filme *Flash Gordon*, a banda não chegaria a criar muito nas sessões suíças. Da temporada nos Alpes, o Queen acabaria esboçando o que se transformaria mais tarde em "Back Chat", "Cool Cat" e "Life Is Real". E foi exatamente durante uma dessas monótonas sessões que David Bowie – um grande amigo de Freddie – apareceria no estúdio para fazer um som com o grupo. Quase que de imediato, Bowie se uniria ao Queen para uma animada *jam session*, cantando

MASTERS

gemas do rock and roll dos anos 50 e 60. A presença de Bowie tinha surtido um efeito produtivo no Queen. Logo depois da *jam*, os artistas criariam um rascunho para uma canção batizada como "Feel Like". Na sequência, Bowie tratou de mudar a letra (que teria mais uma encarnação "People on the Streets") antes de receber seu título em definitivo, por sugestão de Brian May: "Under Pressure" – maior *hit* de *Hot Space*.

Logo após sua produção, a EMI decidiu lançar a faixa como *single*, ao lado da sobra de estúdio "Soul Brother" (ver "Cool Cat"). Um vídeo com a direção de David Mallet também foi criado especialmente para ajudar na promoção do álbum e do 7 polegadas.

"Under Pressure" alcançaria o feito de chegar ao número 1 no Reino Unido – um feito para um LP que nasceu já de forma complicada. A música também seria tocada pela banda durante todas as turnês posteriores a *Hot Space*, sempre com recepção calorosa do público.

Freddie Mercury: Vocais e piano Steinway
Brian May: Guitarra Red Special, vocais de apoio e guitarra de 12 cordas
John Deacon: Baixo Fender Precision
Roger Taylor: Bateria Ludwig e vocais de apoio
David Bowie: Vocais

NO BAÚ DE *HOT SPACE*

Músicas trabalhadas nas sessões, mas que ficaram de fora do álbum: "Soul Brother", "Man Made Paradise", "Whipping Boy", "My Boy" e "I Go Crazy".

QUEEN

— OS ÁLBUNS —

CAPÍTULO 12
The Works

Após todos os contratempos enfrentados com o problemático *Hot Space* (desentendimentos, baixas vendagens, longa e cansativa turnê), o Queen resolveu tirar umas férias e fazer o balanço geral dos "estragos". Praticamente durante todo o ano de 1983, nenhum compromisso oficial esteve na agenda da banda. Por conta disso, os projetos solo predominaram nesse período de descanso forçado para o quarteto. Uma das mais interessantes atividades paralelas colocada em prática durante esse hiato foi a gravação de *Star Fleet Project* – uma parceria entre Brian May e o talentoso Eddie Van Hallen. Os músicos – que se tornariam grandes amigos – estavam cheios de boas intenções. A ideia básica era homenagear Eric Clapton com o EP, relembrando a fase do "Deus da Guitarra" com John Mayall no Blues Breaker. Mas nem tudo ocorreu como o planejado. No final das

MASTERS

contas, Clapton detestou o produto final e criticou bastante o desempenho dos guitarristas.

Enquanto Brian May tentava se recuperar daquela situação desconfortável, Roger Taylor se ocupava com a produção de seu segundo álbum solo, *Strange Frontier*. Freddie Mercury também trabalhou durante a folga, gravando algumas faixas com a maior estrela pop daquele momento, Michael Jackson, e produzindo o LP solo *Mr. Bad Guy*. Já o baixista John Deacon – sem encontrar um rumo durante o período de inatividade do Queen – foi obrigado a lutar contra a depressão e os problemas conjugais com a mulher, Veronica. As horas de aflição apenas chegariam ao fim quando o Queen foi convocado pelo diretor Tony Richardson para compor algumas canções para a trilha sonora da comédia *Um Hotel Muito Louco*. O reencontro dos parceiros injetou ânimo e motivação para esquecer os conflitos e gravar o que seria o sucessor do problemático *Hot Space*. Daquelas sessões para a trilha, a banda só aproveitou "Keep Passing the Open Windows", resgatada para o novo disco que viria a se chamar *The Works*. As sessões para o LP começaram em agosto de 1983 no badalado Record Plant, em Los Angeles, marcando a primeira vez que o Queen trabalhou em um estúdio fora da Europa. Nesta época todos os integrantes do grupo possuíam residência nos EUA. Freddie Mercury era um aficionado pelas baladas norte-americanas e por muito tempo viveu entre Inglaterra e USA. Em janeiro do ano seguinte, o grupo se reuniu no Musicland, em Munique, para dar os toques finais no novo álbum. Os dias dentro do estúdio foram bastante criativos, mas também turbulentos. As discussões marcaram o período de trabalho e Brian May relembra que as gravações eram interrompidas constantemente.

NO ESTÚDIO

As discussões e diferenças musicais acabaram por gerar uma série de composições – muitas delas desprezadas pelo Queen para o novo LP. Com isso, títulos como "Love Kills" e "Man Made Paradise" foram descartados e reaproveitados em álbuns solo. Na época, Freddie revelou que a banda não estava mais escrevendo músicas em conjunto, como era de praxe nos discos anteriores. Roger Taylor, por sua vez, apareceu com mais cinco faixas novas de sua autoria, sendo quase todas rejeitadas pelos amigos. O choque de opiniões mexeu com os brios do baterista, que voltou para o estúdio com uma música que ficaria para sempre marcada com o "retorno à velha forma" da banda: "Radio Ga Ga" – um tributo de Roger ao velho companheiro radinho de pilha. Aprovada pelo Queen, a música foi usada como padrão para desenvolver o estilo do novo LP – o mais curto entre todos os produzidos pela banda, com apenas nove faixas inéditas. Com isso, o fantasma dançante de *Hot Space* dava lugar a composições que misturavam um clima mais rock and roll aos sintetizadores – desta vez, sem que os teclados e *samplers* anulassem o efeito dos instrumentos tradicionais como guitarra, baixo, bateria e piano. Desta forma, faixas como "Man on the Prowl", "Tear It Up", "Hammer to Fall" e "It's a Hard Life" remetiam aos primórdios do Queen, quando o rock era ainda o carro-chefe. Em virtude disso, as comparações com trabalhos anteriores da banda provaram ser inevitáveis. "Man on the Prowl", por exemplo, tinha as cores de sua prima mais velha "Crazy Little Thing Called Love" (*The Game*). Já "Tear It Tup" também foi colocada lado a lado de outro produto de sucesso: "We Will Rock You" (*News of the World*), ainda que mais em espírito do que em seus arranjos. Comparações à parte, o produto final acertou em cheio o coração dos fãs, que adoraram a retomada de algumas das marcas registradas, como as harmonias vocais e as guitarras pesadas (mesmo que a volta do instrumento tenha sido motivada por Brian May, um pouco a contragosto dos demais).

CRÍTICA

Diferentemente dos álbuns da década de 70, as críticas foram altamente positivas a *The Works*. A quase sempre severa *Rolling Stone* concluiu que o novo trabalho do grupo trazia os quesitos necessários para ser comparado com o "Led Zeppelin II da década de 80". Já o inglês *Record Mirror* também deu o sinal de positivo ao disco, rasgando elogios a todas as faixas. Em *The Works*, o Queen promoveu sua entrada definitiva no mundo dos videoclipes, produzindo um filme promocional para cada *single* extraído do álbum. O vídeo mais polêmico foi "I Want to Break Free", onde cada membro aparece vestido como mulher, em paródia à tradicional novela inglesa *Coronation Street*. Desta vez, a crítica não entendeu e muitos mercados acabaram por vetar a exibição do clipe, sendo o mais importante deles o norte-

-americano. A opinião pública acabou sendo distorcida, já que a canção (de autoria de John Deacon) não fazia qualquer menção ao homossexualismo, e muitos pensaram que a música seria uma ode à androginia de Freddie. Apesar do erro, a confusão fazia um certo sentido.

Mas as mudanças na carreira da banda não ficariam apenas a cargo dos (polêmicos) vídeos e arranjos musicais. A partir de 1984 o Queen decidiu cortar relações com a Elektra e distribuir seus discos nos Estados Unidos pela Capitol Records. A cartada parecia ter sido positiva, até um escândalo abalar a divulgação do *single* "Radio Ga Ga". Sucesso mundial, a música acabaria fora das rádios norte-americanas (onde já alcançara o Top 20) depois que a Capitol foi indiciada por investir no popular "jabá" para que as músicas de seus contratados fossem executadas nas emissoras. Com o revés, o Queen abandonou o projeto de retornar aos palcos dos EUA e decidiu promover seu novo disco com shows na Europa, África do Sul, Austrália, Japão e dois inesquecíveis espetáculos que aconteceriam em janeiro de 1985 no inigualável festival *Rock in Rio*.

THE WORKS – FAIXA A FAIXA

RADIO GA GA

autoria: Roger Taylor | arranjos: Freddie Mercury
produção: Queen e Reinhold Mack
gravada em: Record Plant e Musicland – 1983/1984

"Radio, what's new? / Radio, someone still loves you" ("Rádio, o que há de novo? Alguém aqui ainda te ama"). Uma das frases da letra de "Radio Ga Ga" explica bem de onde surgiu a inspiração central de Roger Taylor para a composição desta música: seu amor incondicional pelo velho rádio de pilha. Com o mundo sendo invadido pela MTV e seus videoclipes, Taylor mergulhou fundo na nostalgia do tempo em que os adolescentes descobriam o rock de Elvis Presley e outros ícones pelas ondas mágicas do rádio. Ainda assim, a canção não era apenas favorável à radiodifusão. No meio dos anos 80, o rádio também não era o mesmo, e a versão original de "Radio Ga Ga" seria, digamos, um pouco mais pesada com os DJs. Tudo começou quando Taylor ouviu seu filho Felix dizer algo

MASTERS

como "Radio poo-poo" (algo como rádio coco), que o baterista achou divertido e decidiu colocar na música para puxar a orelha das emissoras. Assim, o título original de "Radio Ga Ga" seria mesmo "Radio Caca", evidentemente mudado na última hora com receio de uma censura eventual dos programadores.

A faixa foi apresentada à banda como uma resposta depois de cinco canções de sua autoria terem sido negadas a integrar o disco. É fato: no exato momento em que Freddie ouviu seus primeiros acordes, ficou apaixonado pela canção e decidiu trabalhar duro para desenvolvê-la no estúdio. Por ter sido composta em um sintetizador, Roger Taylor explica que a música tem acordes incomuns aos usados por guitarristas, pois ele não tinha um grande conhecimento harmônico para instrumentos de tecla e os acordes surgiram de forma intuitiva. Ainda assim, Brian May e John Deacon, renomados por dominar os instrumentos de cordas, ficaram encarregados de tocar os teclados nas gravações. Apesar de ser uma música "antivídeo", "Radio Ga Ga" ganharia, de forma irônica, um dos mais caprichados videoclipes da história da banda e – com todos os méritos – da história do rock. A produção é baseada no clássico filme de ficção *Metropolis*, de Fritz Lang, com imagens da banda inseridas no cenário onde Taylor é o motorista de um veículo que leva o resto da banda em um passeio pelo "futuro".

Freddie Mercury: Vocais e Fairlight CMI – III Sampler/Workstation

Brian May: Guitarra Red Special

John Deacon: Baixo Fender Precision

Roger Taylor: Bateria Ludwig, bateria eletrônica Simmons, sintetizador Kurzweil K-250, vocais de apoio e vocais robóticos Vocoder.

Fred Mandel: Sintetizadores Roland Jupiter 8

TEAR IT UP

autoria: Brian May | arranjos: Brian May
produção: Queen e Reinhold Mack
engenharia e mixagem: Reinhold Mack e Mike Beiriger
gravada em: Record Plant e Musicland – 1983/1984

Composição original de Brian May, "Tear It Up" marca o retorno do bom e velho hard rock com a assinatura clássica do Queen dos anos 70. A faixa remete ao universo musical de temas como "We Will Rock You" e

"Tie Your Mother Down", e a intenção do guitarrista era exatamente esta: resgatar a imagem de roqueiros, deixada de lado em seu trabalho anterior, *Hot Space*. Uma versão com Brian nos vocais existe nos arquivos.

"Tear It Up" foi lançada como lado B do *single* "Hammer to Fall" atingindo o 13º lugar nas paradas britânicas, sendo tocada ao vivo nas turnês promocionais dos álbuns *The Works* e de seu sucessor, *A Kind of Magic*.

Freddie Mercury: Vocal

Brian May: Guitarra Red Special e vocais de apoio

John Deacon: Baixo Fender Precision

Roger Taylor: Bateria Ludwig e vocais de apoio

IT'S A HARD LIFE

autoria: Freddie Mercury e Brian May
arranjos: Freddie Mercury e Leoncavallo
produção: Queen e Reinhold Mack
engenharia e mixagem: Reinhold Mack e Mike Beiriger
gravada em: Record Plant e Musicland – 1983/1984

Balada assinada por Freddie e um retorno ao estilo "operístico da banda", renomado pelos arranjos criados para "Bohemian Rhapsody", de *A Night at the Opera*. A faixa tem todos os elementos de uma grande produção, com o toque clássico do Queen: harmonias exuberantes, vocal poderoso de Mercury e solo de guitarra não menos completo de Brian May, que destacou a canção como uma de suas favoritas. Na introdução, Mercury canta um trecho da peça *Vesti la Guibba* tirada da ópera italiana *Pagliacci*.

"It's a Hard Life" foi lançada como *single* com "Is This the World That We Created?" no lado B. Apesar de ser hoje uma das favoritas entre os fãs, o tema alcançou somente um modesto 6º lugar nas paradas britânicas. Assim como as demais canções que promoveram *The Works*, "It's a Hard Life" também virou videoclipe, dirigido por Tim Pope em junho de 1984 no estúdio Arri Film, em Munique. O destaque desse vídeo é a participação da atriz austríaca Barbara Valentim: amiga, confidente e, para muitos, amante de Freddie Mercury.

A ideia de Freddie Mercury era recriar no vídeo a atmosfera da opera *Pagliacci*. para se ter uma ideia dos gastos com o vídeo, Brian May mandou fabricar no Japão uma guitarra em formato de caveira pela bagatela de £ 1.000.

No palco, o Queen apresentou "It's a Hard Life" apenas durante a turnê promocional de *The Works*.

Freddie Mercury: Vocal, vocais de apoio e piano Steinway
Brian May: Guitarra Red Special e vocais de apoio
John Deacon: Baixo Fender Precision
Roger Taylor: Bateria Ludwig e vocais de apoio

MAN ON THE PROWL

autoria: Freddie Mercury | arranjos: Freddie Mercury
produção: Queen e Reinhold Mack
engenharia e mixagem: Reinhold Mack e Mike Beiriger
gravada em: Record Plant e Musicland – 1983/1984

Cinco anos após "Crazy Little Thing Called Love", Freddie Mercury apresenta aqui seu novo rockabilly: "Man on the Prowl". Mais uma vez a banda conta com a presença de Fred Mandel, agora ao piano.

Mesmo pontuada pelo rock de qualidade assinado pelo Queen, a faixa terminou fora dos planos de se tornar um *single* ao lado de "Keep Passing the Open Windows". A ideia foi abortada a favor de "Thanks God It's Christmas" – canção natalina lançada no Natal de 1984, hoje encontrada no CD *Greatest Hits III*.

Freddie Mercury: Vocal, vocais de apoio e guitarra Fender Telecaster
Brian May: Guitarra Red Special e violão
John Deacon: Baixo Fender Precision
Roger Taylor: Bateria Ludwig
Fred Mandel: Piano

MACHINES (OR BACK TO HUMANS)

autoria: Roger Taylor e Brian May
arranjos: Roger Taylor, Brian May e Reinhold Mack
produção: Queen e Reinhold Mack
engenharia e mixagem: Reinhold Mack e Mike Beiriger
gravada em: Record Plant e Musicland – 1983/1984

"Nas sessões de *The Works*, quase não estávamos nos suportando mais. Eu e Roger brigávamos por qualquer coisa. Então decidimos escrever uma música em parceria a fim de melhorar o clima, esta canção era 'Machines' (or 'Back to Humans')", estas são palavras de Brian May que refletem bem o clima das gravações desta faixa.

O título da canção que inicialmente era "Machines World" era de fato uma pergunta: "Máquinas ou volta aos humanos?" Em suma, a questão da hora era a seguinte: Valeria a pena investir na produção de músicas com sintetizadores e desprezar o calor dos instrumentos convencionais? A resposta era difícil de ser encontrada, por isso a banda decidiu fazer uma mistura de estilos em *The Works*, combinando a frieza eletrônica ao calor do velho rock. Assim como no clipe de "Radio Ga Ga", o tema futurista retorna em "Machines". Desta vez, a inspiração foi tirada do inspirador livro futurista *1984*, de George Orwell, escrito na década de 50. Nada mais propício, já que o ano de lançamento de *The Works* era exatamente esse.

No estúdio, a dualidade musical foi colocada em prática. O *mix* entre sintetizadores e instrumentos acústicos acontece a todo momento, além da aplicação do efeito *robotic voice*, feito com o sintetizador vocoder tocado por Roger Taylor sobre os seus vocais. Uma versão da faixa remixada por Brian May com trechos de "Ogre Battle", "Flash" e "Goin' Back" (gravadas por Mercury ainda como seu *alter ego* Larry Lurex) foi utilizada como lado B do *single* "I Want to Break Free" e aparece como bônus no CD lançado pela Hollywood Records.

Ao vivo, um *sampler* de "Machines (Back to Humans)" foi utilizado como introdução nos shows da turnê *The Works*, mas a versão integral da música jamais foi apresentada pelo Queen nos palcos.

Freddie Mercury: Vocal, vocais de apoio e sintetizador Oberheim OBX
Brian May: Guitarra Red Special e vocais de apoio
John Deacon: Baixo Fender Precision
Roger Taylor: Vocal, vocais de apoio, bateria Ludwig e bateria Eletrônica Simmons
Mack: Sintetizador Kuzweil K 250

I WANT TO BREAK FREE

autoria: John Deacon | arranjos: John Deacon e Fred Mandel
produção: Queen e Reinhold Mack
engenharia e mixagem: Reinhold Mack e Mike Beiriger
gravada em: Record Plant e Musicland – 1983/1984

Ao longo da história do Queen, o baixista John Deacon compôs 21 faixas, sendo oito delas lançadas como *singles* pela banda. "I Want to Break Free" é um dos mais bem-sucedidos trabalhos assinado por Deacon no grupo, tendo tido êxito indiscutível nas paradas musicais em todo o planeta. O *status* de *hit* não afastou a polêmica de sua criação. Pelo contrário. Assim que o clipe da canção foi exibido nas TVs americanas, as pessoas começaram a misturar a imagem da banda ao visual utilizado pelo grupo no filme, quando aparecem travestidos de mulher. O engano levou as pessoas a associarem a piada ao comportamento andrógino de Freddie Mercury.

A avaliação da crítica e do público levou à banda a justificar o figurino feminino no clipe. Roger Taylor explicou que a sugestão de usar roupas femininas no filme teria sido dada justamente por outra mulher, sua namorada Dominique. E mais: segundo o baterista, tudo aquilo não passava de uma paródia da novela *Coronation Street*, popularíssima no Reino Unido.

Durante a passagem do Queen pelo Brasil, a ex-apresentadora do Fantástico, Glória Maria, chegou a perguntar (duas vezes!) a Mercury se "I Want to Break Free" seria um "hino ao público gay". Apesar da negativa, a tentativa de levar o vocalista à contradição falhou. Mercury não deixou barato na resposta: "Próxima pergunta. Essa eu já respondi."

No estúdio, Fred Mandel reaparece nos sintetizadores executando um solo que remete à pegada de Brian May. Brian tocou somente alguns licks.

Outro detalhe interessante é a presença de um violão quase inaúdivel tocado por John.

Uma versão lançada como bônus no CD *The Works* traz um *sampler* das demais faixas do disco, assim como em "More of that Jazz" do álbum *Jazz*.

Freddie Mercury: Vocal, vocais de apoio e sintetizador
Brian May: Guitarra Red Special
John Deacon: Baixo, violão Ovation e sintetizador
Roger Taylor: Bateria Ludwig e bateria Eletrônica Simmons
Fred Mandel: Sintetizador Roland Jupiter 8

KEEP PASSING THE OPEN WINDOWS
autoria: Freddie Mercury | arranjos: Freddie Mercury
produção: Queen e Reinhold Mack
engenharia e mixagem: Reinhold Mack e Mike Beiriger
gravada em: Record Plant e Musicland – 1983/1984

Composta originalmente para o filme *Hotel Muito Louco*, por Freddie Mercury, "Keep Passing the Open Windows" se transformou na única música a fazer parte dessa produção estrelada por Rob Lowe em 1984. A ideia original era produzir a trilha sonora completa para o longa, mas o projeto foi abandonado a favor de um novo álbum para o então abalado Queen, que passava por um período de reciclagem após o fracasso de *Hot Space*. A letra de "Keep Passing the Open Windows" foi inspirada em uma das falas do filme que comenta sobre o suicídio. Na música, o Queen tenta explicar justamente o contrário: o suicídio não era saída para os problemas e que "love is all you need" ("amor é tudo o que você precisa" – uma menção à letra de "All You Need Is Love", dos Beatles).

O lançamento de "Keep Passingt the Open Windows" como *single* foi cancelado na última hora por conta de o Queen não aceitar editar a faixa (de 5 minutos e 23 segundos – a mais longa do disco) a pedido da gravadora EMI. Um futuro lançamento como lado B de "Man on the Prowl" também foi abortado.

Uma versão mais longa de "Keep Passing the Open Windows" aparece na versão remasterizada do CD *The Works*.

Freddie Mercury: Vocal e sintetizador
Brian May: Guitarra Red Special e vocais de apoio
John Deacon: Baixo Fender Precision
Roger Taylor: Bateria Ludwig e bateria eletrônica Simmons

HAMMER TO FALL

autoria: Brian May
arranjos: Brian May
produção: Queen e Reinhold Mack
engenharia e mixagem: Reinhold Mack e Mike Beiriger
gravada em: Record Plant e Musicland – 1983/1984

Uma crítica direta à guerra fria entre EUA e URSS, composta por Brian May, especialmente para *The Works*. O medo da bomba atômica, aliás, era tema constante em meados dos anos 80. Em "Hammer to Fall", Brian foi inspirado pelo roteiro da peça *À Espera de Godot*, do irlandês Samuel Beckett, um dos principais nomes do "teatro do absurdo". Nesse texto de 1953, Beckett dá uma visão pessimista do homem e suas atitudes incon-

MASTERS

sequentes. Em resumo, o espetáculo conta a história de dois vagabundos que passam suas vidas esperando a vinda do Sr. Godot e aguardando que as pessoas façam as coisas por elas (um trocadilho com God – Deus).

Lançada como quarto *single* de *The Works*, a "Hammer to Fall" não alcançou muito sucesso, atingindo somente a 13ª posição na Inglaterra. Como todos os *singles* do álbum, um vídeo promocional foi produzido para esta faixa, que mostra a banda tocando ao vivo na Foret National, na Bélgica. O áudio do clipe não corresponde à apresentação do grupo naquele show de abertura da turnê de *The Works*. "Hammer to Fall" entrou no repertório do Queen e permaneceu até o final da turnê seguinte que promoveu o disco *A Kind of Magic*.

Freddie Mercury: Vocais e vocal de apoio
Brian May: Guitarra Red Special e vocal de apoio
John Deacon: Baixo Fender Precision
Roger Taylor: Bateria Ludwig e vocais de apoio

IS THIS THE WORLD THAT WE CREATED?
autoria: Freddie Mercury
arranjos: Brian May
produção: Queen e Reinhold Mack
engenharia e mixagem: Reinhold Mack
gravada em: Record Plant e Musicland – 1983/1984

Segunda faixa de *The Works* a apresentar um conteúdo político, "Is This the World We Created?" é a primeira parceria musical entre Brian e Freddie. A música é um questionamento sobre os problemas enfrentados pela população faminta da Etiópia: "If there's a God in the sky looking down / What must he think of what we've done?" ("Se existe um Deus no céu, o que ele deve estar pensando do que fizemos com o mundo que ele criou?").

"Is This the World We Created?" foi composta e gravada de forma rápida, em menos de 48 horas. Freddie revelou que trouxe a letra quase pronta e que Brian o ajudou a finalizá-la e também a produzir seus arranjos. Naquela época, segundo o vocalista, compor em parceria era, de fato, uma atividade rara devido aos inúmeros problemas de ego enfrentados pela banda. "Is This the World We Created?" traz de volta a simplicidade acústica de "Love of My Life" na sua versão ao vivo. A combinação de elementos de ambas as faixas fez tanto sucesso que motivou o Queen a tocar as canções em sequência ao vivo nas turnês de *The Works* e *A Kind of Magic*.

Freddie Mercury: Vocais

Brian May: Violão Ovation

NO BAÚ DE *THE WORKS*

Músicas trabalhadas nas sessões, mas que ficaram de fora do álbum: "Another Little Piece of My Heart", com Rod Stewart e Jeff Beck; "There Must Be More Life Than This"; "Whipping Boy"; "Let Me In Your Heart Again"; "I Go Crazy"; "Man on Fire"; "Love Kills"; Victory"; e "Man Made Paradise".

QUEEN

OS ÁLBUNS

CAPÍTULO 13
A Kind of Magic

Após o lançamento de *The Works* a banda caiu na estrada para a turnê promocional do álbum batizada *The Works Tour*. Em função dos problemas com sua nova distribuidora na América, a Capitol Records, o Queen deixou os EUA fora da rota de seus shows e voou para locais um pouco diferentes dos tradicionais – inclusive, dos palcos mais populares europeus. Assim, a banda preferiu tocar em praças como Austrália e Nova Zelândia. Na África do Sul, o show mais polêmico. Em tempos de *apartheid* (regime de segregação racial sul-africano), uma das apresentações do Queen no Sun City Superbowl foi marcada pela tensão. Com problemas na voz, o show foi encerrado 15 minutos mais cedo. Pior que isso, o grupo precisou cancelar mais quatro datas da turnê, e ainda por cima, recebeu duras críticas por ter tocado num país governado com uma política racista. Com o fim dos

DE VOLTA AO BRASIL

O início de 1985 também seria inesquecível para o Queen. Desta feita, no sentido positivo. Nos dias 12 e 19 de janeiro, em sua segunda passagem pelo Brasil, a banda faria dois espetáculos memoráveis na primeira edição do *Rock in Rio*. Em julho, mais um concerto que ficaria marcado na história do quarteto: o *Live Aid*, em Londres.

Em terras verde-amarelas, em um período marcado pelo fim do regime militar, o *Rock in Rio* só viria a receber o crivo dos artistas estrangeiros, como Ozzy Osbourne, Yes, Iron Maiden e James Taylor, quando Roberto Medina, empresário idealizador do evento, confirmou a presença do Queen na Cidade do Rock. No dia 13 de julho, no ápice do verão no hemisfério norte, vinte minutos de frisson – cortesia de Freddie, Brian, John e Roger – para 80 mil alucinados expectadores que lotaram Wembley por conta do evento beneficente organizado por Bob Geldof para os famintos da Etiópia.

Após tantas performances marcantes ao vivo, chegou finalmente o momento de produzir mais um disco. A gênese do que viria a ser o LP *A Kind of Magic* foi articulada em setembro de 1985, quando Freddie Mercury reuniu os parceiros para alguns *takes* no estúdio Mountain, em Montreux, na Suíça. Dessas sessões surgiria a faixa "One Vision" – tema do longa-metragem *Águia de Aço* – divertido filme de ação para a garotada. E como a fase estava bem "hollywoodiana", o Queen aproveitou o bom momento para emplacar suas novas canções no filme *Highlander – o Guerreiro Imortal*, estrelado por Christopher Lambert e dirigido por Russell Mulcahy. Fã declarado do grupo, Mulcahy encomendou uma música para seu projeto, mas acabou ganhando outras mais: "A Kind of Magic", "Who Wants to Live Forever?", "Don't Lose Your Head", "One Year of Love", "Princes of the Universe" e "Gimme the Prize".

Além disso, os membros da banda ainda encontravam tempo para participar de projetos solo. John foi convidado a escrever uma música para o filme *Biggles*, criando para isso a banda The Immortals junto com Robert Awhai e Lenny Zakatek. A faixa chamada "No Turning Back" foi lançada como *single*, porém sem qualquer efeito nas paradas.

Por sua vez, Roger Taylor produziu a banda de rock Magnum e Freddie apareceu no álbum de Billy Squire.

NO ESTÚDIO

Sessões para o novo álbum foram produzidas basicamente nos estúdios Musicland, em Munique, e Mountain, em Montreux, entre setembro de 1985 e março de 1986. Na Alemanha, a produção ficou a cargo do amigo Reinhold Mack (seu último trabalho com o Queen), enquanto, na Suíça, David Richards (residente do Mountain, antes do Queen comprá-lo) recebeu a missão de filtrar as ideias da banda. Alguns *takes* foram gravados também no Townhouse, em Londres. Cenas do Queen em ação gravando o que seria o próximo disco apareceriam mais tarde no vídeo *Greatest Videos II*.

Durante estas sessões, a banda não apenas produziria as faixas que integrariam *A Kind of Magic*, mas inúmeras canções que posteriormente apareceram em álbuns solo de seus integrantes, como "Heaven for Everyone", de Roger Taylor, inicialmente incluída no seu álbum solo *Shove It* e regravada para *Made in Heaven* (após a morte de Freddie, em 1995), além de "Love Makin' Love" de Freddie Mercury. Freddie, aliás, ainda encontrou tempo para gravar no famoso estúdio Abbey Road algumas faixas para o musical *Time*, que apareceriam na sua coletânea solo *Freddie Mercury Album*: "Time" e "In My Defence".

SINTETIZADORES

Em *A Kind of Magic* o Queen usou pela primeira vez uma orquestra para o arranjo de uma faixa – mais precisamente, a Filarmônica de Londres – como acompanhamento de "Who Wants to Live Forever?". Durante o processo criativo, a banda recrutou Spike Edney para gravar alguns teclados em certas canções, e o músico acabaria embarcando em turnê com o Queen, inclusive tocando guitarra em "Hammer to Fall" (ao vivo).

Como característica de sua transformação musical, e ponto marcante desde *The Game* (1980), os sintetizadores seriam usados pelo Queen em quase todas as faixas de *A Kind of Magic*. As baterias programadas também seriam usadas em diversos arranjos no disco.

A Kind of Magic alcançou o primeiro lugar nas paradas britânicas, mas somente a posição de número 47 nos EUA. Contudo, várias músicas ganharam popularidade por conta do filme *Highlander*, que obteve sucesso nos dois lados do Atlântico.

A KIND OF MAGIC – FAIXA A FAIXA

ONE VISION

autoria: Queen | arranjos: Queen
produção: Queen e Reinhold Mack
engenharia e mixagem: Reinhold Mack
gravada em: Musicland, Mountain e Townhouse – 1985

Canção com letra inicial de Roger (inspirada pelo líder religioso norte-americano, Martin Luther King), mas desenvolvida pela banda no estúdio de modo que se encaixasse mais no tema do filme *Águia de Aço* – aventura estrelada por Louis Gossett Jr.

Na introdução da música, a fala de Freddie e Brian: "God works in mysterious ways" ("Deus age de formas misteriosas") foi gravada com velocidade bastante reduzida. "One Vision" – com sua pegada rock and roll – é comparada aos primeiros trabalhos do Queen, com vocais simples, vocais de apoio com as vozes de Brian, Roger e Freddie, mais o toque diferencial do solo de bateria eletrônica de Roger Taylor. John Deacon conta que, por ter esticado suas férias e não ter participado muito das gravações da faixa, os créditos de autoria pertenciam mesmo aos demais companheiros. No final das contas, os royalties da música foram divididos de forma igual.

"One Vision" foi lançada como *single*, atingindo o segundo lugar nas paradas britânicas e apenas a 62ª posição nas paradas americanas.

Freddie Mercury: Vocal, vocais de apoio e vocal com efeito

Brian May: Guitarra Red Special, sintetizador Yamaha DX 7 e vocal com efeito

John Deacon: Baixo Fender Precision

Roger Taylor: Bateria Ludwig e bateria eletrônica Simmons

QUEEN EM DISCOS E CANÇÕES

A KIND OF MAGIC

autoria: Roger Taylor | arranjos: Freddie Mercury
produção: Queen e David Richards
engenharia e mixagem: David Richards
gravada em: Musicland, Mountain e Townhouse – 1985/1986

Roger Taylor conta que a letra de "A Kind of Music" nasceu após ele assistir a um trecho do filme *Highlander*, quando Christopher Lambert diz: "It's just sort about an immortal" ("Isso é mais ou menos sobre um imortal"), que o levou automaticamente a escrever: "this rage that lasts a thousand years" ("esta raiva que dura mil anos"). Em sua versão embrionária, "A Kind of Magic" era preenchida por sintetizadores e guitarras mais pesadas. A ideia de desenvolver a música para um estilo mais pop e dançante foi de Freddie Mercury. O toque de mestre foi a inclusão de uma linha de baixo inspirada em outro trabalho "Keep Passing the Open Windows" (*The Works*).

O videoclipe promocional de "A Kind of Magic" tornou-se o primeiro do mundo a ser lançado comercialmente como um VHS-*single*. Dirigido por Russell Mulcalhy (o mesmo diretor de *Highlander – O Guerreiro Imortal*), o vídeo mostra a banda bastante descontraída, onde Freddie é uma espécie de mágico e transforma três andarilhos (Brian, Roger e John) em músicos da banda. Na abertura, Brian está com um violão, John segura um banjo e Roger toca percussão. Mas quando Freddie Mercury aparece na história com seus poderes mágicos, ele dá a seus amigos "como um tipo de mágica" seus instrumentos de trabalho: uma Red Special, para Brian May, o baixo Fender Precision de John Deacon, e por fim, o *kit* de bateria Ludwig a Roger Taylor.

"A Kind of Magic" virou *single*, bem antes do lançamento do álbum, alcançando o primeiro lugar nas paradas britânicas e a posição de número 29 nas americanas. Este seria o último disco de 7 polegadas lançado em território americano até "I Want It All" (do LP *The Miracle*). Ao vivo, o Queen geralmente apresentava uma versão mais longa de "A Kind of Magic", com destaque para o trabalho nas guitarras de Brian.

Freddie Mercury: Vocal, vocal de apoio e sintetizador Yamaha DX7
Brian May: Guitarra Red Special
John Deacon: Baixo Fender Precision
Roger Taylor: Bateria Ludwig e bateria eletrônica Simmons

ONE YEAR OF LOVE

autoria: John Deacon
arranjos: John Deacon e Lynton Naiff
produção: Queen e Reinhold Mack
engenharia e mixagem: Reinhold Mack
gravada em: Musicland, Mountain e Townhouse – 1985/1986

Pela primeira – e única vez – uma criação do Queen apresenta um solo de saxofone. Cortesia do *sessionman* Steve Gregory, que deu um toque melódico – e crucial – na balada composta originalmente por John Deacon. Já o arranjo de cordas é assinado por Lynton Naiff, um organista inglês que trabalhava como arranjador para grupos de jazz e soul, e já havia tocado na banda Affinity.

Curiosamente, nenhuma guitarra foi gravada para o arranjo da faixa – a primeira vez que isso acontece desde "My Melancholy Blues", do disco *News of the World*.

Como em "A Kind of Magic", a letra de "One Year of Love" foi inspirada no tema do filme *Highlander*, onde o protagonista se apaixona por uma mulher, mas não pode viver com sua amada por ser imortal. "Just one year of love / Is better than a lifetime alone" ("Apenas um ano de amor / É melhor que a vida inteira solitária").

"One Year of Love" aparece na trilha do filme *Highlander – O Guerreiro Imortal* com uma roupagem diferente – mais crua e melancólica. A canção nunca foi tocada ao vivo pelo Queen, sendo lançada como *single* apenas na Europa e Austrália acompanhada de "Don't Lose Your Head" em seu lado B.

Freddie Mercury: Vocal e vocais de apoio
John Deacon: Baixo e sintetizador Yamaha DX7
Roger Taylor: Bateria
Steve Gregory: Saxofone
Lynton Naiff: Arranjo de Cordas

PAIN IS SO CLOSE TO PREASURE

autoria: Freddie Mercury e John Deacon
arranjos: Freddie Mercury e John Deacon
produção: Queen e Reinhold Mack
engenharia e mixagem: Reinhold Mack
gravada em: Musicland, Mountain e Townhouse – 1985/1986

Parceria entre Mercury e Deacon que caberia com folga em *Hot Space* por apresentar elementos dançantes, mais característicos do álbum de 1981: sintetizadores, vocais em falsete, batida funk disco e matizes pop. Informações divulgadas pelo assistente pessoal de Freddie (Peter Freestone) revelaram que "Pain Is So Close to Pleasure" era muito mais uma "filha" de John Deacon, mesmo tendo recebido na letra alguns toques pessoais do vocalista do Queen. Por conta disso, John acabou presenteando o amigo como coautor da música.

A Capitol entrou em atrito com a banda para lançar a faixa como *single* final do álbum, junto com "Don't Lose Your Head" como lado B. O Queen nunca achou que a faixa tinha força para ser lançada como *single*. O resultado foi um retumbante fracasso nas paradas americanas.

Nunca tocada ao vivo pela banda.

Freddie Mercury: Vocal e vocal de apoio

Brian May: Guitarra Red Special

John Deacon: Baixo Fender Precision, sintetizador Yamaha DX7 e piano

Roger Taylor: Bateria Ludwig e bateria eletrônica Simmons

FRIENDS WILL BE FRIENDS
autoria: Freddie Mercury e John Deacon
arranjos: Queen | produção: Queen e David Richards
engenharia e mixagem: David Richards
gravada em: Musicland, Mountain e Townhouse – 1985/1986

Da mesma forma que "Pain Is So Close to Pleasure", "Friends Will Be Friends" (bem ao estilo dos hinos épicos, como "We Are the Champions") acabou assinada pela dupla Deacon/Mercury, mesmo sem contribuições significativas do vocalista. A música ganhou corpo no estúdio, ficando bem diferente de sua versão original. Por essa identificação com o estilo clássico do Queen, a banda resolveu produzir um videoclipe promocional, dirigido por David Mallet. A produção teve como destaque a participação de membros do fã-clube oficial do grupo durante as filmagens no JVC Studios, em Wembley. Cada participante usou uma camiseta com os dizeres "I'm a Queen Fan" ("Sou um fã do Queen"). Como em quase todas as faixas desde o lançamento de *The Game*, os sintetizadores predominam no arranjo. Mesmo assim, Brian May se encarrega de dar à música um clima mais "orgânico", graças a seu magistral solo de guitarra – porém em um estilo atípico a sua marca registrada.

"Friends Will Be Friends" foi lançada como *single*, atingindo um modesto 14º lugar. Ao vivo, a faixa costumava a ser tocada antes de "We Will Rock You" e "We Are the Champions", em uma forma mais abreviada. Apenas em dois espetáculos do Queen, em Laiden, a música foi tocada em sua forma integral.

Freddie Mercury: Vocal, vocais de apoio, piano, sintetizador e sampler
Brian May: Guitarra Red Special e vocais de apoio
John Deacon: Baixo Fender Precision e guitarra Fender
Roger Taylor: Bateria Ludwig, bateria eletrônica Simmons e vocais de apoio
Spike Edney: Sintetizador Yamaha DX 7

WHO WANTS TO LIVE FOREVER?

autoria: Brian May | arranjos: Brian May e Michael Kamen
produção: Queen e David Richards
engenharia e mixagem: David Richards
gravada em: Musicland, Mountain e Townhouse – 1985/1986
orquestra: Abbey Road – 1986

Após assistir a 20 minutos não editados do filme *Highlander*, Brian May ficou bastante inspirado. Imerso em criatividade, o guitarrista teve a ideia para a melodia básica de "Who Wants to Live Forever?" enquanto guiava seu carro na volta para casa. Ao chegar em seu estúdio particular, Brian tratou de registrar suas ideias em uma fita demo, reservando a composição para trabalhar com a banda. Além de ser baseada no roteiro original do longa-metragem, "Who Wants to Live Forever?" foi concebida em meio a eventos tristes da vida do guitarrista: o fim de seu casamento com Chris Mullen, e a doença de seu pai, que viria a falecer pouco tempo mais tarde.

O relacionamento entre pai e filho sempre foi marcado por grande admiração entre as partes, sendo abalado apenas quando o guitarrista trocou os estudos pelo rock nos primórdios do Queen.

"Who Wants to Live Forever" ficou marcada como a primeira criação do Queen a receber os arranjos orquestrais – magnificamente criados por

Brian May e conduzidos de forma perfeita pelo maestro Michael Kamen. Kamen – fã incondicional da banda – viria a lançar um álbum com os principais *hits* do Queen, rearranjados por ele especialmente para sua orquestra.

No estúdio, a gravação da faixa não contou excepcionalmente com as presenças de Deacon e Roger. Pela primeira vez desde "Sail Away Sweet Sister", Brian inicia uma música da banda como vocalista principal, dividindo as funções com Freddie Mercury na metade da canção. Durante as gravações May também gravou uma versão instrumental da faixa, tocada por ele aos teclados. Esta versão foi lançada no CD da Hollywood Records na década de 90.

Lançada como *single* somente na Inglaterra, "Who Wants to Live Forever?" alcançou somente a posição de número 24. A escolhida como lado B foi "Killer Queen".

Freddie Mercury: Vocal e vocais de apoio

Brian May: Guitarra Red Special e vocal

GIMME THE PRIZE (KURGAN'S THEME)
autoria: Brian May | arranjos: Brian May
produção: Queen e Reinhold Mack
engenharia e mixagem: Reinhold Mack
gravada em: Musicland, Mountain e Townhouse – 1985/1986

Canção de autoria de Brian May, composta especialmente para *Highlander* como tema de Kurgan (Clancy Brown) – o vilão da trama. Com um arranjo que pende bastante para o heavy metal, "Gimme the Prize" pode ser uma tentativa de relembrar os fãs do estilo original da banda, mais agressivo e distante do pop dos anos 80 e início dos 90. Brian May nesse período era bastante influenciado pelas bandas de Heavy Metal.

Na gravação, alguns trechos de fala do filme foram incluídos: "I have something to say: It's better to burn out than to fade away" ("Tenho algo a dizer: É melhor ser incinerado do que desaparecer") e "There can be only one" ("Só pode haver um").

Quando o álbum foi lançado, Brian May chegou a afirmar que "Gimme the Prize" seria perfeita para as apresentações ao vivo, embora a banda nunca tenha tocado em suas turnês.

Freddie Mercury: Vocal

Brian May: Guitarra Red Special

John Deacon: Baixo Fender Precision
Roger Taylor: Bateria Ludwig e bateria eletrônica Simmons

DON'T LOSE YOUR HEAD
autoria: Roger Taylor | arranjos: Roger Taylor
produção: Queen e David Richards
engenharia e mixagem: David Richards
gravada em: Musicland, Mountain
e Townhouse – 1985/1986

Outro título inspirado pelo roteiro de *Highlander*, "Don't Lose Your Head" segue o enredo do filme explicando que a única forma de um imortal morrer seria ter sua cabeça cortada. "Don't Lose Your Head" é uma composição de autoria de Roger Taylor, carregada de sintetizadores, bem ao estilo *Hot Space*. Para gravá-la, o Queen chamou uma convidada especial: a cantora Joan Armatrading, que participou da produção do musical *Hair* – um clássico dos anos 70. Curiosamente Joan Armatrading era uma das artistas que usufruía dos melhores horários do Trident, quando o Queen gravou o primeiro disco.

Um fato curioso aparece no trecho "Don't drink and drive my car / Don't get breathalised" (Algo como "não beba e guia meu carro, não faça o teste do bafômetro"). A frase é uma piada, incluída na letra por Roger Taylor, que tira um sarro de John Deacon por ele ter perdido sua carteira de motorista ao dirigir embriagado. Por conta da punição, Deacon foi obrigado a usar o metrô durante todos os compromissos do Queen na Inglaterra.

"Don't Lose Your Head" é outra composição da banda que acabou de fora do repertório dos shows ao vivo.

Freddie Mercury: Vocais e sintetizador E-UM Emulator II
Brian May: Guitarra Red Special
John Deacon: Baixo Fender Precision
Roger Taylor: Bateria Ludwig, bateria eletrônica Simmons e vocal de apoio
Joan Armatrading: Vocal
Spike Edney: Sintetizador Yamaha DX 7

PRINCES OF THE UNIVERSE

autoria: Freddie Mercury | arranjos: Freddie Mercury
produção: Queen e Reinhold Mack
engenharia e mixagem: Reinhold Mack
gravada em: Musicland, Mountain e Townhouse – 1985/1986

Outra música composta especialmente para o filme *Highlander*, "Princes of the Universe" é mais uma das faixas do LP que mais remetem ao início do Queen, quando as guitarras eram mais pesadas e os arranjos mais grandiosos. Diferente das últimas criações pop de Mercury, "Princes of the Universe" pode ser comparada, em estilo, a "Let Me Entertain You", do álbum *Jazz*. O ruído estranho, semelhante ao motor de um helicóptero, foi incorporado no arranjo da faixa graças a um sintetizador UMI e o BBC Computer Programming, que é um banco de timbres arquivado em um programa de computador.

Um vídeo para "Princes of the Universe" foi gravado em Nova Iorque, em abril de 1986, com a participação especial de Christopher Lambert, o protagonista de *Highlander*. Freddie Mercury contracena com Lambert em diversas cenas, em um duelo de espadas, imitando o roteiro da aventura. Brian aparece no vídeo tocando uma Gibson Flying V por temer que algum dano pudesse ocorrer a sua Red Special em função da pirotecnia utilizada no vídeo.

A faixa foi lançada como *single* somente nos mercados do Japão e dos EUA e como diversas canções de *A Kind of Magic* jamais foi apresentada nos palcos pelo Queen.

Freddie Mercury: Vocal, vocais de apoio, sintetizador UMI e BBC Computer Keyboards

Brian May: Guitarra Red Special e vocais de apoio

John Deacon: Baixo Fender Precision

Roger Taylor: Bateria Ludwig

NO BAÚ DE *A KIND OF MAGIC*

Músicas trabalhadas nas sessões, mas que ficaram de fora do álbum: "Forever", "A Dozen Red Roses for My Darling", "New York, New York", "Love Making Love" e "Back to Storm".

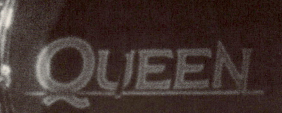

QUEEN

OS ÁLBUNS

CAPÍTULO 14
The Miracle

Após o lançamento de *A Kind of Magic*, o Queen cairia na estrada para aquela que ficaria marcada como a última turnê da banda com Freddie Mercury – fato que somente ficaria evidente no ano seguinte. Como na excursão anterior para promover o LP *The Works*, o Queen acabaria por fazer poucas apresentações. Porém, todas elas com recorde de público – sem falar em shows que ficariam para sempre marcados na história do grupo e do rock. Dois desses eventos aconteceriam no estádio Wembley em 11 e 12 de julho de 1986. Uma edição desses dois shows foi usada para compor o álbum ao vivo *Live at Wembley '86*. Outro destaque daquele ano ficou por conta das magníficas performances no Nep Stadium, na Hungria, quando, pela primeira vez na história do rock, uma banda ocidental conseguiria atravessar a chamada Cortina de Ferro. Como brinde aos fanáticos (e ca-

MASTERS

rentes) húngaros, o Queen brindou a plateia com sua versão para a canção folclórica magiar "Tvazi Zel Viset Arast". Um vídeo com toda a participação da banda em terras húngaras foi filmado, desde a chegada ao então país socialista, culminando com o show na íntegra em 27 de julho de 1986. Outro espetáculo histórico aconteceria um mês mais tarde no Knebworth Park, em Londres, em 9 de agosto de 1986, reunindo o público fenomenal de 125 mil fãs. Esse show ficaria marcado – infelizmente – como a última vez em que Freddie cantou ao vivo com sua banda.

Foi preciso um longo hiato de dois anos até que a banda pudesse recarregar as baterias, superar as diferenças e mergulhar de cabeça em um novo projeto. Os próprios integrantes do quarteto já tinham declarado abertamente que estavam um pouco entediados consigo mesmos. A pausa, por sua vez, acabou sendo benéfica para que voltassem ao estúdio com força total. Nesse meio tempo, enquanto eles decidiam qual seria o destino do Queen, Brian May cuidou de seu álbum solo *Back to Light*, que acabaria nas lojas apenas em 1992. Freddie Mercury também se ocupou com um projeto particular, gravando ao lado de Mike Moran e da cantora Montserrat Caballé, o operístico *Barcelona*.

Entre trabalhos alternativos e problemas particulares, uma notícia inesperada estava prestes a mudar o destino do Queen.

O início dos dramas particulares na esfera do Queen se deu em 1987, com a morte de Harold May, pai de Brian. Harold sempre foi tido como um herói para o filho guitarrista, e a perda do ídolo o deixou desconsolado. Ao mesmo tempo, chegava ao fim a união de Brian May com sua mulher Chris Mullen. Com o término do casamento, ele começaria um relacionamento com a atriz inglesa, Anita Dobson, com a qual vive até hoje.

Por conta do assédio da imprensa, ávida em registrar seu novo affair, a ação dos paparazzi foi transformada em música por ele, dando origem a faixa "Scandal", incluída em *The Miracle*.

Escândalos, discussões, perdas familiares, férias... Tudo isso ficaria de lado com a chegada da mais inesperadas das notícias: Freddie Mercury descobriu que era um soropositivo. Em suma, ele havia adquirido o vírus HIV, comum ao mal que aterrorizaria o fim do século XX: a AIDS. Esse fato não foi reportado publicamente até sua morte, graças a um pacto fechado entre Freddie, Brian, Roger e John. Por este pacto inclusive eles mantiveram segredo até de seus familiares mais próximos.

O baque da notícia causou efeito contrário entre os membros do Queen. Inegavelmente, a velha união voltara com uma espécie de magia, a partir daquele momento. Eles sabiam que o amigo e vocalista principal da banda estava bem perto do fim, afinal a ciência ainda estava longe de encontrar drogas poderosas o suficiente para controlar os sintomas da doença. Uma prova do esquecimento das vaidades que marcaram os discos anteriores e também da aliança renovada de amizade ficaria estampada na capa do novo disco, em que suas faces apareceriam unidas. Na parte das composições, as canções seriam creditadas à banda, e não da forma individual. Inegavelmente, a doença de Freddie havia operado milagres para o Queen.

Disposta a manter a união e a esquecer o drama de Freddie, a banda estava decidida a gravar mais um disco após a longa estiagem. Por convite de Freddie, o Queen se reuniu em Londres para a etapa inicial dos trabalhos nos estúdios Townhouse e Olympic. O restante das gravações foi executado na casa suíça do Queen: o Mountain Studios, em Montreux. Na parte artística, *The Miracle* recebeu um tratamento diferente dos álbuns mais recentes da banda.

Quase todas as faixas foram desenvolvidas através de *jams sessions*, algum dos membros trazia uma ideia e eles iam desenvolvendo até chegar ao produto final. Por diversas vezes, na maioria das canções, as vozes de cada música seriam alternadas sem que fosse perceptível ao ouvinte. Tudo graças a um novo processo computadorizado de edição. Exemplos claros desse truque estão em "I Want It All" e "Invisible Man". Seguindo o padrão de todos os álbuns da década de 1980, inúmeros sintetizadores foram usados pelo Queen.

Entre as inúmeras canções gravadas naquele período, "My Life Has Been Saved" e "Too Much Love Will Kill You" ficariam de fora de *The Miracle*, e seriam lançadas somente em *Made in Heaven*. Outras composições como "Hang On in There", "Hijack My Heart" e "Stealin" acabaram como lado B dos *singles* lançados pelo grupo.

Como curiosidade, o novo trabalho seria batizado como *Invisible Man*, título extraído de uma das faixas a serem incluídas no LP.

Por sugestão de Freddie, a menos de um mês de seu lançamento, o álbum ganharia um novo nome – também baseado em uma das músicas gravadas nas sessões.

Após o lançamento de *The Miracle*, Freddie anunciou aos amigos que não queria mais fazer turnês. Estava farto do velho esquema "disco-turnê", e mesmo um pouco contrariados, Brian, John e Roger aceitaram seu pedido. Feito isso, Roger Taylor decidiu tocar ao vivo com a banda The Cross para a divulgação do seu álbum solo *Shove It*. Era o fim do Queen como a banda de arena que ficara famosa mundialmente. Roger ainda aproveitou a parada do Queen para ir aos shows agora como espectador. Num desses momentos Roger veio ao Brasil em 1988 para acompanhar o show de Bob Dylan no *Hollywood Rock*.

The Miracle atingiria o 1º lugar nas paradas britânicas, mas seu desempenho no mercado americano foi medíocre, tendo conseguido apenas a posição de número 24.

Originalmente, o Queen lançaria em 1990 um EP chamado *Another Miracle* com as canções que ficaram de fora do LP. A ideia foi logo abortada pela banda.

THE MIRACLE – FAIXA A FAIXA

PARTY

autoria: Freddie Mercury
arranjos: Freddie Mercury, Brian May e John Deacon
produção: Queen e David Richards
engenharia e mixagem: David Richards
gravada em: Mountain, Townhouse e Olympic – 1988/1989

Exemplo clássico de como o Queen sempre teve a capacidade de criar músicas diretamente no estúdio – a exemplo de gigantes do rock como os Beatles. "Party" – uma homenagem às festas extravagantes dos anos 80 – foi gerada exatamente desta forma, com ideia inicial de Freddie Mercury tocando a melodia básica da música ao piano. A faixa, então, seria montada aos poucos no Townhouse Studios, com uma pequena ajuda dos parceiros John Deacon e Brian May. Excepcionalmente, Roger Taylor não participou do processo criativo, pois estava ainda curtindo férias.

Freddie Mercury: Vocal, vocais de apoio e sintetizador
Brian May: Guitarra Red Special e vocais de apoio
John Deacon: Baixo Fender Precision
Roger Taylor: Bateria Ludwig
David Richards: Bateria Programada

KHASHOGGI'S SHIP

autoria: Freddie Mercury
arranjos: Queen
produção: Queen e David Richards
engenharia e mixagem: David Richards
gravada em: Mountain, Townhouse
e Olympic – 1988/1989

Adnan Khashoggi é o nome de um empresário saudita que trabalhava no comércio de armas entre os Estados Unidos e seu país. Durante a guerra Irã-Iraque (1980-1988), Khashoggi agiu como intermediário, ao lado de Manucher Ghorbanifar, para a troca de armamentos entre os combatentes. Uma de suas peculiaridades, além de viver do comércio bélico, eram as suntuosas festas organizadas por ele. Algumas delas, em seu luxuoso navio "Nabila". A embarcação acabou inspirando Freddie para compor a música – uma espécie de sequência à faixa de abertura de *The Miracle*. Por coincidência – ou talvez como um eventual prognóstico do destino do empresário – a letra de "Khashoggi's Ship" traz a seguinte frase: "He pulled out a gun, wanted to arrest me" ("Ele sacou uma arma para me prender"). Acusado de manter conexão com contrabandistas, o contraventor saudita acabou detido em abril de 1989 na Suíça por suas operações comerciais ilegais.

Freddie Mercury: Vocal, vocais de apoio e sintetizador Korg M1
Brian May: Guitarra e vocais de apoio
John Deacon: Baixo Fender Precision
Roger Taylor: Bateria Ludwig

THE MIRACLE

autoria: Queen
arranjos: Queen
Produção: Queen e David Richards
engenharia e mixagem: David Richards
gravada em: Mountain, Townhouse
e Olympic – 1988/1989

Uma das letras mais interessantes de toda a discografia do Queen, por citar com destreza poética uma série de maravilhas da história da humanidade. Entre elas: a Torre de Babel, o palácio Taj Mahal e até o guitarrista Jimi Hendrix. A música, composta por Freddie Mercury, foi considerada pelos amigos como uma prova de sua força e hombridade. Como um milagre, apesar de enfrentar uma doença mortal com a AIDS, Freddie ainda conseguia olhar para o mundo com uma visão otimista e cheia de glamour.

O esqueleto da letra de "The Miracle" foi composto em parceria entre Freddie e John. Em seguida, a dupla contou com a ajuda de Brian e Roger para a criação dos arranjos – considerados por eles, inclusive, como dos mais sofisticados e complexos já produzidos pelo Queen. Um verdadeiro épico, com sintetizadores simulando cordas, harpas e instrumentos diversos. Vale destacar ainda um solo de guitarra feito por Brian May aos 2:36, bem minimalista, em que ele consegue expressar todo seu *feeling* usando pouquíssimas notas.

Anos mais tarde, em 2003, Brian May revelou sua opinião sobre "The Miracle": "É uma das mais magistrais composições de Freddie. Lembro bem do quanto nós nos divertimos no estúdio; um momento em que realmente a gente trabalhou em parceria. De certa forma, era como se os quatro, juntos, pintassem um quadro em perfeita harmonia", disse.

Para a promoção de "The Miracle" foi filmado um dos vídeos mais bacanas da carreira do Queen, onde crianças fazem o papel de Freddie, Brian, Roger e John como se estivessem em uma apresentação ao vivo. O clipe foi filmado em Londres no Elstree Studio em 23 de novembro de 1989, com a direção conjunta de Rudi Dolezal e Hannes Hossacher. Curiosidade: mais de mil atores mirins tirados dos colégios de Londres foram testados até que os dublês infantis do Queen fossem escolhidos para a gravação. Ross McCall – o jovem Freddie Mercury no vídeo – decidiu seguir a carreira de ator e chegou a participar de uma série produzida por Steven Spielberg para o canal HBO, *Band of Brothers* (2003).

"The Miracle" chegou a ser lançada como o último *single* do álbum, mas somente alcançou a modesta posição número 21 nas paradas britânicas.

Freddie Mercury: Vocal, vocais de apoio e sintetizador Korg M1
Brian May: Guitarra Red Special
John Deacon: Baixo Fender Precision
Roger Taylor: Bateria Ludwig

I WANT IT ALL

autoria: Brian May | arranjos: Brian May
produção: Queen e David Richards
engenharia e mixagem: David Richards
gravada em: Mountain, Townhouse
e Olympic – 1988/1989

Os primeiros acordes de "I Want It All" revelam de cara o autor principal da música: Brian May, que nunca escondeu sua predileção pelo rock mais pesado. Um dos destaques da faixa é o *riff* com dobra de violão e guitarra, criado por Brian May. Segundo o próprio guitarrista, gravar algo assim era "uma obsessão" cultivada por ele há tempos. O título da canção foi inspirado pela então namorada e atual esposa de Brian, Anita Dobson. Afinal "I want it all, I want it now" ("eu quero isso tudo, e quero agora") era uma frase muito usada pela atriz, e acabou caindo como uma luva para o desenvolvimento da letra, que também expressa o espírito jovem de mudança e de conquista de um objetivo.

"I Want It All" foi uma das primeiras faixas a serem completadas para o álbum, e uma das únicas a chegar no estúdio já praticamente finalizada. A faixa, como seria mais tarde revelado, chegou a ser cogitada para *Back to Light* – disco solo de Brian May.

A faixa foi lançada como *single* alcançando a posição de numero 3 na Inglaterra, e apenas a de número 62 nos EUA. Apesar do fracasso nos EUA, a música atingiu a primeira colocação em diversos países fora do *mainstream*. Um vídeo promocional para "I Want It All" foi rodado nos estúdios Elstree, em Londres, com David Mallet na direção. A ideia principal do *script* era mostrar que o Queen ainda era uma banda de palco e não apenas um grande sucesso comercial capaz de produzir *hits*. Como a banda não saiu para uma turnê após a gravação do álbum, a música seria tocada ao vivo apenas no *Tributo a Freddie Mercury* em 1992, com Roger Daltrey, do The Who, assumindo o vocal principal.

Freddie Mercury: Vocal, vocais de apoio e sintetizador Korg M1

Brian May: Guitarra Red Special, violão Gibson Chet Atkins e vocais de apoio

John Deacon: Baixo Fender Precision

Roger Taylor: Bateria Ludwig

BREAKTHRU

autoria: John Deacon | Arranjos: Queen
produção: Queen e David Richards | engenharia e mixagem: David Richards
gravada em: Mountain, Townhouse e Olympic – 1988/1989

Exemplo de como a junção de duas composições gerou uma faixa extremamente eficaz para o Queen, "Breakthru" foi montada a partir de uma demo composta por Freddie Mercury, batizada como "A New Life Is Born". Quando o vocalista a apresentou para Roger Taylor no estúdio, o baterista já tinha em mãos o complemento ideal para a obra. Assim, nascia uma nova canção. Como em diversas composições dos anos 80, "Breakthru" é pontuada por um groove de baixo criado por John Deacon, de forma bastante eficiente e dobrado entre baixo e sintetizador. Exemplos anteriores desse método: "Keep Passing the Open Windows", "A Kind of Magic", "Under Pressure" e "Another One Bites the Dust".

"Breakthru" fala de como sair de um relacionamento e romper barreiras para conquistar um novo amor. Não por coincidência, a namorada de Roger atua no videoclipe promocional da música como protagonista.

A faixa foi lançada como *single* ao lado da inédita "Stealin" no lado B, alcançando somente a sétima posição nas paradas inglesas. Um vídeo promocional foi produzido onde a banda aparece "rompendo barreiras" sobre um vagão de trem (batizado por Mercury como "Miracle Express") que viajava a quase 80 km/h!

Freddie Mercury: Vocal, vocais de apoio e sintetizador Korg M1 DSP
Brian May: Guitarra Red Special e vocais de apoio
John Deacon: Baixo Fender Precision e sintetizador Korg M1
Roger Taylor: Bateria Ludwig e sintetizador Roland D 50
David Richards: Sintetizador

INVISIBLE MAN

autoria: Roger Taylor | arranjos: Queen
produção: Queen e David Richards | engenharia e mixagem: David Richards
gravada em: Mountain, Townhouse e Olympic – 1988/1989

A base de "Invisible Man" nasceu em uma das intermináveis (e divertidas) *jams sessions* durante a gravação do álbum. Com a música quase

pronta, Roger Taylor trouxe para o estúdio os versos da letra, tendo como inspiração principal a novela *O Homem Invisível*, de H.G. Wells, cujo título seria "roubado" pelo Queen para dar nome à música.

Por conta de sua aura futurista e pós-moderna, a banda decidiu gravar a canção com efeitos de computador e sintetizadores. O único instrumento convencional usado pelo grupo durante as sessões foi a guitarra elétrica de Brian May, ainda assim, com as frases carregadas com *delay*, produzindo bastante eco.

Uma frase existente na versão original de "Invisible Man" foi omitida do álbum: "Será que a timidez de minha alma me fez tão solitário quanto você?" A decisão de limar o belo trecho foi justificada pelo grupo para "deixar a música mais alegre e divertida".

Um videoclipe promocional para divulgar o *single* foi gravado no Pinewood Studios, no dia 26 de julho de 1989 (data do aniversário de Roger Taylor). No clipe, os membros do Queen viram personagens de um videogame – não por coincidência – chamado "Invisible Man". Durante a partida, o Queen sai da tela para espanto do garoto que jogava seu cartucho!

Pela primeira e única vez na história da banda, os nomes de Freddie, Brian, John e Roger são citados na letra de uma música do Queen. A menção de um membro da banda só havia acontecido em "Don't Stop Me Now" quando Freddie Mercury cita Brian May antes de um solo de guitarra. Menção honrosa vale para "Crazy Little Thing Called Love" em que a banda chega a citar brevemente o nome de Freddie em harmonia antes do refrão da música.

MASTERS

"Invisible Man" também foi lançada como *single* alcançando um modesto 12° lugar nas paradas britânicas.

Freddie Mercury: Vocal, vocais de apoio e sintetizador Korg M1 DSP
Brian May: Guitarra Red Special e vocal
John Deacon: Sintetizador Korg M 1 DSP
Roger Taylor: Sintetizador Korg M 1 DSP

RAIN MUST FALL

autoria: John Deacon | arranjos: Freddie Mercury
produção: Queen e David Richards
engenharia e mixagem: David Richards
gravada em: Mountain, Townhouse e Olympic – 1988/1989

Desenvolvida em estúdio pelo Queen, "Rain Must Fall" é a faixa mais *Hot Space* de *The Miracle*, com clima mais dançante do que as demais músicas do disco. A canção foi iniciada por John Deacon e completada passo a passo pela banda. "Rain Must Fall" é mais um exemplo do uso eficiente dos sintetizadores em uma composição com a marca registrada do grupo. A mensagem básica da letra da música é a seguinte: "Para cada momento de felicidade existe um momento mais triste" – como ciclo natural da vida.

Freddie Mercury: Vocal e sintetizador Roland Jupiter 8
Brian May: Guitarra Red Special
John Deacon: Baixo Fender Precision e guitarra Fender
Roger Taylor: Bateria Ludwig e bateria eletrônica
David Richards: Sampler de bateria

SCANDAL

autoria: Brian May | arranjos: Queen
produção: Queen e David Richards
engenharia e eixagem: David Richards
gravada em: Mountain, Townhouse
e Olympic – 1988/1989

No início do namoro de Brian com a atriz Anita Dobson, os paparazzi não o deixavam em paz. A perseguição ao casal deixou o guitarrista furioso, principalmente por conta de seus filhos. Brian não queria, de forma alguma, que notícias de seu relacionamento causassem problemas aos garotos, frutos de seu primeiro casamento: Jimmy, Louisa e Emily Ruth. Para aliviar um pouco a pressão, Brian May decidiu mergulhar em sua música. Assim nasceria "Scandal", com a letra baseada na invasão de sua privacidade pelos tabloides – sempre ávidos aos escândalos que envolvem as celebridades.

Com a estrutura básica de "Scandal" pronta, Freddie e Roger se ofereceram para finalizar a música. Afinal, o ódio à imprensa britânica era algo compartilhado na mesma medida por eles. Na fase de pré-produção, a demo da canção não apresentava nenhum efeito de sintetizador, apenas instrumentos convencionais: guitarras, baixo e bateria, além dos vocais de Freddie Mercury. Por sugestão do produtor David Richards, um sampler de baixo foi adicionado à mixagem.

"Scandal" foi lançada como o quarto *single* do álbum, ao lado da, então, inédita "My Life Has Been Saved", e atingiu o 25º lugar nas paradas de sucessos do Reino Unido. Um vídeo para a música foi gravado em outubro de 1989, dirigido em conjunto por Rudy Dolezal e Hannes Rossascher nos estúdios Pinewood.

Freddie Mercury: Vocais, vocais de apoio e sintetizador Yamaha DX 7
Brian May: Guitarra e sintetizador Yamaha DX 7
John Deacon: Baixo Fender Precision
Roger Taylor: Bateria Ludwig
David Richards: EMU Emulator II + Sampler

MY BABY DOES ME

autoria: John Deacon e Freddie Mercury
arranjos: John Deacon e Freddie Mercury
produção: Queen e David Richards
engenharia e mixagem: David Richards
gravada em: Mountain, Townhouse
e Olympic – 1988/1989

A ideia inicial de Freddie Mercury – autor principal de "My Baby Does Me" – seria produzir algo mais pop, capaz de subir rapidamente nas paradas das rádios. Mas a música acabou seguindo outra vertente, e não chegou a ser lançada como *single*. A faixa – batizada originalmente como "My Baby Loves Me" – é um disco funk, cheio de samplers, e que segue a linha de outras faixas assinadas pela dupla Deacon/Mercury, como "Pain Is So Close to Pleasure" e "Cool Cat".

No arranjo final existem duas guitarras: uma executada por Brian May, com uma pegada mais pop, e outra por John Deacon. É uma das poucas faixas da discografia do Queen que não conta com a participação de Roger Taylor na bateria.

Freddie Mercury: Vocal, vocais de apoio e sintetizador Yamaha DX 7
Brian May: Guitarra Red Special
John Deacon: Baixo Fender Precision, Guitarra Fender Telecaster e sintetizador Yamaha DX 7

WAS IT ALL WORTH?

autoria: Queen
produção: Queen e David Richards
engenharia e mixagem: David Richards
gravada em: Mountain, Townhouse
e Olympic – 1988/1989

Logo após a finalização de "Was It All Worth?", o produtor David Richards revelou como o Queen compôs a faixa no estúdio. O primeiro trecho foi composto por Freddie Mercury, mas a música ganharia os retoques finais no estúdio com grande ajuda dos parceiros. A parte "we love you madly" ("nós te amamos loucamente") é de autoria de Roger Taylor. Já o trecho "What is there left for me? / Did I achieve what I had set in my sights?" ("O que me resta fazer nessa vida? / Será que eu alcancei o que tinha em mente?") é fruto da parceria entre May e Deacon.

"Was It All Worth?" é uma canção que traz a marca registrada do Queen nos anos 70 misturada ao avanço tecnológico dos anos 80, com sintetizadores, samplers e outros truques de estúdio. De fato, o Queen sempre foi um grupo aberto às novidades. Quando Freddie Mercury cuidava de seu álbum solo *Barcelona*, o vocalista foi bastante influenciado pela forma com que Mike Moran compunha as orquestrações das faixas com o auxílio de sintetizadores. Parte desse aprendizado seria mais tarde incluído em "Was It All Worth?".

O trabalho de Brian May com suas guitarras também merece destaque. Fica bem claro no decorrer da faixa seu *riff* marcante e criativo – cheio de *overdubs* – e ainda o efeito do pedal Harmonizer usado por ele nas gravações. Nas *jams* de "Was It All Worth?", inclusive, surgiria a música "Chinese Torture", que seria lançada apenas no CD norte-americano comercializado pela Hollywood Records.

Por fim, o conteúdo lírico da música chega em forma de uma questão: "Was it all worth?" – ou seja – "Será que realmente isso tudo valeu a pena?". A resposta aparece no decorrer da canção e é, sem dúvida, afirmativa. Valeu a pena conquistar o mundo fazendo música. A letra da canção também é carregada de referências artísticas, tais como "When the hurlyburly's done" ("Quando os ruídos cessarem") – um trecho extraído do ato de abertura da peça *Macbeth*, de William Shakespeare.

De forma surpreendente, "Was It All Worth?" nunca chegou a ser lançada como *single*. A verdade é que o cenário do momento caminhava na direção oposta ao estilo da música. Ainda assim, o teor artístico da canção é digno de nota e vale como quesito para o Queen fechar seu álbum com chave de ouro.

Freddie Mercury: Vocais, vocais de apoio e sintetizador Yamaha DX7
Brian May: Guitarra Red Special e vocais de apoio
John Deacon: Baixo Fender Precision
Roger Taylor: Bateria Ludwig e vocais de apoio

NO BAÚ DE *THE MIRACLE*

Músicas trabalhadas nas sessões, mas que ficaram de fora do álbum: "Hang On in There", "Chinese Torture", "Stealin", "Hijack My Heart", "My Life Has Been Saved", "A Fiddlin Jam", I Guess We're Falling Out", "Too Much Love Will Kill You" e "All God's People".

QUEEN

OS ÁLBUNS

CAPÍTULO 15
Innuendo

Pouco tempo após o lançamento de *The Miracle*, em fevereiro de 1989, Freddie Mercury voou para Montreux, na Suíça, com o intuito de gravar algumas de suas composições no estúdio Mountain. A ideia inicial era produzir mais um álbum solo, mas logo foi abortada e um novo trabalho do Queen começava a ser construído aos poucos. A primeira faixa dessa nova safra de ideias seria "Delilah", uma homenagem a um de seus felinos de estimação. A canção permaneceu por muito tempo em forma de demo enquanto Brian e Roger viajavam pelo mundo para divulgar *The Miracle*. Outra atividade que impediu o complemento imediato das novas canções foi a produção dos videoclipes promocionais para o recém-lançado LP. Somente em novembro daquele ano, o Queen se reuniria – desta vez, "por inteiro" – para gravar o álbum que ficaria marcado como o último trabalho da banda com a presença de seu vocalista no estúdio.

Em razão da doença de Freddie o andamento dos trabalhos em *Innuendo* foi bastante lento. A banda só gravava quando ele se sentia bem. Durante esse período, o cantor tomava grandes quantidades de vodka para aliviar um pouco as dores que sentia. Apesar do drama particular de Mercury, o Queen sabia que o momento da banda era especial. Após muito tempo, o grupo estava unido como nos velhos tempos do início de carreira. Tudo isso graças à dedicação de Freddie Mercury nas sessões. Era uma entrega de corpo e alma do músico, que sabia ser este o último disco de sua vida.

As sessões de *Innuendo* continuaram no decorrer de 1990, se estendendo até novembro. Grande parte das faixas foi gravada no Metropolis Studio, em Londres e outra parte no estúdio da banda em Montreux na Suíça. Como Freddie requeria cuidados extremos por conta de sua saúde frágil, o ideal era que estivesse sempre perto de sua casa. Em diversas ocasiões, a banda foi reduzida a um trio, pois John Deacon passava a maior parte do tempo esquiando com sua esposa Veronica, em Biarritz. Por causa da constante ausência, ele não trouxe nenhuma música para o disco. Seu único trabalho efetivo foi rearranjar "The Hitman".

Apesar do terrível momento que vivia Freddie, a banda se divertiu muito durante as sessões de *Innuendo*. Um pouco dessa descontração entre os amigos pode ser vista no clipe de "Headlong". Nesse vídeo, Freddie Mercury já aparenta estar bastante debilitado.

Já Brian May parecia estar motivado com a ideia do novo disco. Diversas composições foram apresentadas para uma possível inclusão no LP, inclusive ideias que estariam em um álbum solo do guitarrista. Por conta do momento crítico de Mercury, May decidiu pela inclusão da maioria de suas músicas no novo trabalho da banda. Entre elas: "Headlong", "I Can't Live with You" e uma versão embrionária de "Hitman", além de "The Show Must Go On" – esta composta especialmente para *Innuendo* com a colaboração de Mercury. Roger Taylor também contribuiu com novas faixas, entre elas "These Are the Days of Our Lives", e "Ride the Wild Wind". O baterista ainda trabalharia ativamente com diversas ideias oferecidas para a faixa-título.

Mesmo cansado e afetado pelas complicações do HIV, Freddie Mercury levou ao estúdio algumas de suas últimas criações – cheias de potencial, a propósito: "Delilah", "Don't Try So Hard", "All God's People" e "Bijou".

Outras músicas da mesma safra apresentadas pela banda incluem "Self Made Man", "My Secret Fantasy" e "Robbery" (única faixa escrita por John Deacon) – todas consideradas para integrar *Innuendo*. A música feita nessa era ficaria marcada por um clima antagônico, que mistura a descontração das *jams* tocadas no estúdio com a melancolia da fase vivida por Freddie Mercury.

Para a capa do disco, a banda resolveu voltar ao estilo da arte usada em seus álbuns dos anos 70. Ao invés de fotos, Roger deu a ideia de fazer a arte com um desenho retirado da obra do caricaturista francês Jean Ignace Isidore – também conhecido com Grandville, apelido que herdou de seu pai, outro famoso desenhista francês.

Innuendo foi lançado em fevereiro de 1991, acompanhado de uma boa notícia: a banda não renovaria o contrato com a Capitol, devido à fraca divulgação e aos problemas que a gravadora enfrentava no campo jurídico nos Estados Unidos. Por conta disso, o Queen assinou com a Hollywood Records um novo acordo de 10 milhões de libras esterlinas. Já alojada em sua nova "casa", a banda teria seu catálogo completo – e tudo o que fosse lançado, a partir daquela data – comercializado pela Hollywood em território norte-americano. O primeiro sinal da recente parceria foi o ataque maciço no campo de marketing para promover *Innuendo*, melhorando bastante as posições do Queen na América e faturando o disco de Ouro pelas vendagens do LP no competitivo mercado norte-americano.

Após o lançamento do álbum, a banda ainda continuou até junho de 1991 gravando faixas que entrariam no póstumo *Made in Heaven*, além de produzir os vídeos para os *singles* de *Innuendo*. Entre as sessões, Brian e Roger continuariam trabalhando em seus álbuns solo e cuidando da divulgação de *Innuendo*. John Deacon permaneceu recluso com sua família e Freddie optou pelo exílio em sua casa, em Garden Loge, até o fatídico 24 de novembro de 1991. Naquele dia, menos de 24 horas após assumir para o mundo que era portador do HIV, o vocalista e compositor do Queen viria a falecer, exatamente às 18h48min, vítima de broncopneumonia.

INNUENDO – FAIXA A FAIXA

INNUENDO

autoria: Roger Taylor | arranjos: Queen | produção: Queen e David Richards
engenharia e mixagem: David Richards, Noel Harris e Justin Shirley Smith
gravada em: Mountain e Metropolis – 1989/1990

Faixa que abre o disco e dá título ao último álbum do Queen com a presença de Freddie Mercury no estúdio. A música foi iniciada por Roger Taylor e desenvolvida aos poucos pelo grupo. A inspiração para a criação de "Innuendo" veio da belíssima "Kashmir", lançada pela banda Led Zeppelin. Outra fonte criativa para a composição da música viria do poeta, escritor e dramaturgo irlandês Oscar Wilde.

O sistema de trabalho se deu da seguinte forma: com a letra e parte do arranjo já desenvolvida pelo baterista, os toques finais na estrutura harmônica ficaram a cargo de Freddie Mercury. Enquanto isso, Brian May se encarregava de incrementar o arranjo de flamenco que pontuou toda a faixa.

Para muitos fãs e críticos, "Innuendo" é a "Bohemian Rhapsody" dos anos 90, apesar de ser preenchida por sintetizadores em todos os trechos da música, inclusive no baixo (a participação de Deacon é muito pequena na gravação). A música tem um arranjo grandioso, com *overdubs* de guitarras, violões e um violão Flamenco tocado por Steve Howe (guitarrista do Yes).

A amizade entre Queen e Yes já vinha de longa data. O grande ídolo de John Deacon sempre foi o contrabaixista Chris Squire, e as bandas, coincidentemente, tinham gravado no estúdio Townhouse, em 1980. Enquanto o Yes gravava o álbum *Drama*, o Queen trabalhava na trilha sonora de *Flash Gordon*. Além disso, as coincidências não param no compartilhamento de estúdios. O Yes já havia sido produzido por Roy Thomas Baker e Mike Stone, respectivamente produtor e engenheiro de som do Queen nos principais álbuns dos anos 70. Já David Richards antes de trabalhar com o Queen, já havia produzido o Yes em alguns de seus álbuns.

"Innuendo" foi lançada como *single* antes mesmo do lançamento do álbum, alcançando o primeiro lugar, de imediato, nas paradas britânicas.

Um vídeo promocional para "Innuendo" foi filmado pela companhia Torpedo Twins e pelo animador da Disney, Jerry Hibert. Neste clipe, além das ideias da capa do álbum inspiradas no trabalho do cartunista Grandville, os diretores resolveram dar a cada um da banda uma caracterização baseada em grandes pintores da história. Roger ganhou a imagem de Jacson Pollock, Freddie foi retratado como Leonardo da Vinci, John ficou com a forma de Pablo Picasso e Brian, caracterizado como um artesão do império Vitoriano.

Freddie Mercury: Vocais, vocais de apoio e sintetizador Korg M1

Brian May: Guitarra Red Special, violão Gibson Chet Atkins e vocais de apoio

John Deacon: Baixo Fender Precision

Roger Taylor: Bateria Ludwig

Steve Howe: Violão Gibson Chet Atkins

David Richards: Bateria programada

I'M GOING SLIGTHLY MAD

autoria: Freddie Mercury e Peter Straker
arranjos: Queen | produção: Queen e David Richards
engenharia e mixagem: David Richards, Noel Harris e Justin Shirley Smith
gravada em: Mountain e Metropolis – 1989/1990

Composta por Freddie Mercury com o auxílio de um sintetizador, "I'm Going Slightly Mad" foi uma das primeiras canções a serem gravadas para *Innuendo* nos estúdios Mountain, na Suíça. Esse tema, criado bem ao estilo *vaudeville* (um dos gêneros favoritos de Freddie), pode ter sido inspirado pelo sintoma da demência que ocorre eventualmente em pessoas contaminadas pelo HIV positivo. Trechos da letra foram compostos com a ajuda do amigo, Peter Straker, que o motivou a escrever frases malucas e inseri-las nos versos da canção como: "I'm going slightly mad / I think I'm a banana tree... I'm driving only three wheels these days..." ("Eu estou enlouquecendo aos poucos/ Acho que sou uma bananeira/ Eu guio (meu carro) apenas nas três rodas hoje em dia").

Lançada como *single*, mas obtendo pouco sucesso nas principais paradas mundiais, "I'm Going Slightly Mad" atingiu o primeiro lugar somente em Hong Kong. No Reino Unido, a faixa nem chegou a bater no Top 20, ficando apenas na 22ª posição. Um vídeo para a canção foi rodado nos dias 15 e 16 de fevereiro de 1991 no Wembley Studios, em Londres, dirigido por Rudy Dolezal. Alguns animais foram usados nas filmagens. Entre eles, um pinguim que provocou certo embaraço na produção ao fazer suas necessidades sobre um sofá usado por Freddie e Roger nas gravações. Esta cena pode ser vista no documentário, lançado em VHS, *Champions of the World*.

Freddie Mercury: Vocal, vocais de apoio, sintetizadores Korg M1 e piano Yamaha

Brian May: Guitarra Red Special e vocais de apoio

John Deacon: Baixo Fender Precision

Roger Taylor: Bateria Ludwig

David Richards: Sampler

HEADLONG

autoria: Brian May
arranjos: Queen
produção: Queen e David Richards
engenharia e mixagem: David Richards, Noel Harris e Justin Shirley Smith
gravada em: Mountain e Metropolis – 1989/1990

A letra de "Headlong" fala de como as pessoas mergulham de cabeça em coisas muitas vezes sem sentido. A música era uma das que Brian trabalhava para seu álbum solo (*Back to Light*) no Mountain Studios, na Suíça, antes de Freddie o chamar para gravar o disco que se transformaria em *Innuendo*. O guitarrista tinha a ideia básica de "Headlong" gravada em uma fita demo, com vocais, bateria e baixo programado. Com o esboço pronto, Brian May pediu para Freddie colocar um novo vocal na música e o resultado foi imediatamente aplaudido por ele e Roger Taylor.

Lançada em CD *single* com "Mad the Swine" – sobra do primeiro álbum de estúdio da banda – e ainda "I Can't Live with You", a música atingiu apenas o numero 14 nas paradas do Reino Unido. Nos Estados Unidos, a escalada de "Hedlong" foi surpreendente, decolando para o 3º lugar na *Billboard*. Um videoclipe para a música foi rodado no Metropolis Studios, em Londres, mostrando os bastidores das gravações onde a banda aparece se divertindo bastante com os controles da mesa de som.

Freddie Mercury: Vocal, vocais de apoio e piano Yamaha

Brian May: Guitarra Red Special, vocais de apoio e sintetizador Korg M1

John Deacon: Baixo Fender Precision

Roger Taylor: Bateria Ludwig

I CAN'T LIVE WITH YOU

autoria: Brian May | arranjos: Brian May
produção: Queen e David Richards
engenharia e mixagem: David Richards, Noel Harris e Justin Shirley Smith
gravada em: Mountain e Metropolis – 1989/1990

Assim como "Headlong", "I Can't Live with You" era uma das faixas que Brian May finalizava para a inclusão em seu álbum solo, *Back to Light*, resgatadas para *Innuendo* a pedido de Freddie Mercury. A versão do Queen traz diversos elementos encontrados na fita demo, gravada originalmente por Brian.

"I Can't Live with You" foi incluída na compilação *Queen Rocks* com um novo arranjo gravado por Brian May e Roger Taylor que deu à faixa uma pegada mais pesada.

Freddie Mercury: Vocal e vocais de apoio

Brian May: Guitarra Red Special, vocais de apoio e sintetizador Korg M1

John Deacon: Baixo Fender Precision

Roger Taylor: Bateria Ludwig

DON'T TRY SO HARD

autoria: Freddie Mercury
arranjos: Freddie Mercury e Brian May
produção: Queen e David Richards
engenharia e mixagem: David Richards, Noel Harris e Justin Shirley Smith
gravada em: Mountain e Metropolis – 1989/1990

A autoria de "Don't Try So Hard" é uma das mais disputadas da discografia do Queen. Por muito tempo acreditava-se que a música havia sido composta por John Deacon. Mais tarde, Brian May revelaria que Freddie Mercury era mesmo o autor principal da canção – música e letra – com uma ajuda nos arranjos assinados pelo guitarrista. "Don't Try So Hard" fala sobre os problemas que chegam com a fama: um contraste com a visão que Freddie sempre teve durante a carreira, com todas as festas, baladas e o glamour do rock. No final de sua vida, já tomado pela doença, o vocalista do Queen conseguia revelar ao mundo um lado diferente e mais consciente das questões espirituais.

Freddie Mercury: Vocal, vocais de apoio e sintetizador Korg M1
Brian May: Guitarra Red Special
John Deacon: Baixo Fender Precision
Roger Taylor: Bateria Ludwig

RIDE THE WILD WIND

autoria: Roger Taylor
arranjos: Roger Taylor e Freddie Mercury
produção: Queen e David Richards
engenharia e mixagem: David Richards, Noel Harris e Justin Shirley Smith
gravada em: Mountain e Metropolis – 1989/1990

Roger já tinha a ideia básica de "Ride the Wild Wind" bem antes das sessões de *Innuendo*, e ainda contou com a ajuda de Freddie Mercury para finalizá-la. A letra da música conta a história de uma garota que vive problemas existenciais. Mercury e Taylor dividem o vocal principal – algo que não ocorria desde "Don't Lose Your Head" do álbum *A Kind of Magic*. O diferencial de "Ride Wild Wind" é a participação de Freddie Mercury, com uma tonalidade bastante diferente da maioria das gravações do Queen.

Freddie Mercury: Vocal
Brian May: Guitarra Red Special
John Deacon: Baixo Fender Precision
Roger Taylor: Bateria, vocal e sintetizadores Korg M1

ALL GOD'S PEOPLE

autoria: Freddie Mercury e Mike Moran
arranjos: Freddie Mercury e Mike Moran
produção: Queen e David Richards
engenharia e mixagem: David Richards, Noel Harris e Justin Shirley Smith
gravada em: Mountain e Metropolis – 1989/1990

Freddie Mercury é o autor principal dessa música, originalmente composta para sua carreia solo. De fato, a faixa (originalmente batizada como "Africa by Night") é uma parceria com Mike Moran – arranjador das canções do disco *Barcelona*, gravado com Montserrat Caballé. Moran ainda contribuiu com sintetizador para a faixa.

Brian May revelaria mais tarde que "All God's People" foi uma das favoritas entre as canções levadas por Mercury às sessões de *Innuendo*. Por conta disso, as gravações fluíram com certa rapidez e o resultado foi surpreendente até mesmo para a banda.

A música, há de se destacar, se tornou uma das preferidas do guitarrista Nuno Bettancourt, da banda Extreme.

Freddie Mercury: Vocal, vocais de apoio e piano Yamaha
Brian May: Guitarra Red Special
John Deacon: Baixo Fender Precision
Roger Taylor: Bateria Ludwig
Mike Moran: Sintetizador Korg M1

THESE ARE THE DAYS OF OUR LIVES
autoria: Roger Taylor e Freddie Mercury
arranjos: Queen
produção: Queen e David Richards
engenharia e mixagem: David Richards, Noel Harris e Justin Shirley Smith
gravada em: Mountain e Metropolis – 1989/1990

Composta basicamente por Roger Taylor, com grande ajuda de Freddie Mercury na letra. Segundo revelaram Brian e Roger, a colaboração de Freddie para a música serviu como um "adeus" do vocalista ao público e à família. Seus versos trazem um tema saudosista, que mistura histórias da infância e adolescência de Mercury ao início da carreira do Queen no *showbiz*. E por terem sido grandes amigos, o trabalho conjunto de Freddie Mercury e Roger Taylor na música foi uma espécie de despedida entre os parceiros de banda. Como curiosidade, o arranjo de "These Are the Days of Our Lives" foi construído por sintetizadores e instrumentos de percussão incomuns à música do Queen, como os bongôs.

Lançada como *single* em dezembro de 1991 – mês seguinte à morte de Mercury, a canção decolou rumo ao 1º lugar no Reino Unido, acompanhada de "Bohemian Rhapsody" no lado B. Nos EUA, a música teve como acompanhante "Bijou", mas não obteve o mesmo sucesso. Em 30 de maio de 1991, a banda entrou nas dependências do Limestone Studios, em Londres, para gravar o que seria a última participação de Freddie Mercury em um videoclipe do Queen. Mesmo debilitado, o cantor fez questão de

MASTERS

participar do clipe para se despedir dos fãs. O vídeo precisou ser editado posteriormente, por conta da ausência de Brian May, que estava em Los Angeles no período das filmagens, promovendo o álbum nas rádios americanas. O trabalho de edição foi cuidadosamente feito por Rudy Dolezal e a companhia Torpedo Twins. Já nos estúdios da Disney o vídeo ganhou uma animação à moda do feito para "Save Me", com a participação especial de um casal de jovens. Este vídeo, assim como as gravações extras, acabou virando uma versão diferente lançada na compilação *Classic Queen*. Já a gravação original seria lançada posteriormente em 1999, no VHS *Greatest Flix III* (não disponível em DVD).

Freddie Mercury: Vocais e vocais de apoio
Brian May: Guitarra Red Special
John Deacon: Baixo Fender Precision
Roger Taylor: Bateria Ludwig
David Richards: Sintetizadores Korg M1

DELILAH

autoria: Freddie Mercury | arranjos: Queen
produção: Queen e David Richards
engenharia e mixagem: David Richards, Noel Harris e Justin Shirley Smith
gravada em: Mountain e Metropolis – 1989/1990

Faixa de autoria de Freddie Mercury e primeira fita demo gravada para as sessões de *Innuendo*. "Delilah" foi composta em homenagem à sua gatinha de estimação, cujo nome acabou dando nome à canção. O arranjo de "Delilah" é totalmente centrado nos sintetizadores e traz um lindo solo de Brian executado com o auxílio de uma Talk Box – dispositivo que, ao ser conectado a uma guitarra, faz com que a mesma fique com um efeito similar ao da voz humana. Ele funciona transmitindo, por meio de um tubo, um sinal que chega até a boca de quem está tocando. Desta forma, a Talk Box modela o som com a boca para ser captado por um microfone. No caso de "Delilah", o efeito foi usado por Brian May para imitar o miado de um gato.

Freddie Mercury: Vocal, vocais de apoio e sintetizador Korg M1
Brian May: Guitarra Red Special
John Deacon: Baixo Fender Precision
Roger Taylor: Bateria Ludwig

THE HITMAN

autoria: Freddie Mercury | arranjos: Brian May e John Deacon
produção: Queen e David Richards
engenharia e mixagem: David Richards, Noel Harris e Justin Shirley Smith
gravada em: Mountain e Metropolis – 1989/1990

De forma prática, "The Hitman" é a única faixa de *Innuendo* que conta com a participação efetiva de John Deacon em sua construção. Pouco se sabe sobre a inspiração criativa da letra, mas como a AIDS assombrava o mundo do Queen naquela época, acredita-se que a doença que matou seu vocalista tenha sido o tema escolhido para seus versos.

Freddie Mercury trouxe a canção já praticamente pronta, gravada com o sintetizador como instrumento principal e com um *riff* básico de guitarra registrado na fita demo. Para Brian May, então, coube a tarefa de mudar a tonalidade da música, de modo que ela fosse mais "tocável" em sua guitarra. Após esta fase de pré-produção, o Queen decidiu gravar uma fita demo com Brian assumindo o vocal principal – tentativa descartada pelo grupo. Em uma manobra radical, John Deacon tratou de reescrevê-la na íntegra, mudando a ordem dos versos, dando a "The Hitman" a estrutura final, como a ouvimos em *Innuendo*.

Em "The Hitman", temos o Queen de volta à sua "pegada clássica" – mais pesada, quase um heavy metal – e com a participação ativa de todos os membros da banda.

Freddie Mercury: Vocais, vocais de apoio e sintetizador Korg M1
Brian May: Guitarra e vocais de apoio
John Deacon: Baixo Fender Precision
Roger Taylor: Bateria Ludwig

BIJOU

autoria: Freddie Mercury e Brian May
arranjos: Brian May e Freddie Mercury | produção: Queen e David Richards
engenharia e mixagem: David Richards, Noel Harris e Justin Shirley Smith
gravada em: Mountain e Metropolis – 1989/1990

Mais uma parceria entre Freddie e Brian, uma fuga do lugar comum e das canções "mais Queen" da discografia. É possível afirmar que a música tem uma estrutura "invertida" em termos de uma canção pop. A maioria

MASTERS

das faixas é produzida com um ou dois solos de guitarra que incrementam uma sequência de faixas vocais. Em "Bijou" temos exatamente o inverso. A estrutura da canção é basicamente montada com um "monstruoso" solo de guitarra, e no meio dele um pequeno interlúdio vocal.

Os parceiros trabalharam assim: enquanto Freddie compunha a harmonia e cantava a melodia da música que se transformaria em "Bijou", Brian transcrevia tudo para sua guitarra – num trabalho que exigiu extrema precisão. Ele ainda carregou o timbre de sua guitarra com um efeito de *delay* (cheia de eco), inspirado pelo amigo Jeff Beck e sua canção "Where Were You". Já a letra é basicamente formada por um poema simples – mas belíssimo – composto por Freddie Mercury.

Lançada como lado B do *single* "Innuendo".

Freddie Mercury: Vocais e sintetizador Korg M1

Brian May: Guitarra Red Special

THE SHOW MUST GO ON

autoria: Queen
produção: Queen e David Richards
engenharia e mixagem: David Richards, Noel Harris e Justin Shirley Smith
gravada em: Mountain e Metropolis – 1989/1990

No início das sessões de gravação de *Innuendo*, todos sabiam que o tempo de vida de Freddie Mercury era curto. Ciente do fim anunciado de seu vocalista e, por consequência, do grupo e da forma como ele conquistou o mundo, a ideia do Queen era deixar uma mensagem de esperança a seus fãs. E ela viria na forma de "The Show Must Go On". O primeiro esboço da música foi composto por Brian May, com uma letra que, de certa forma, combinava com a situação de Mercury. Além de conviver com o fantasma da morte do amigo nos últimos tempos, o guitarrista atravessava diversos problemas pessoais, entre eles a separação em seu casamento e o pior de todos: a morte de seu pai.

"The Show Must Go On" – apesar de iniciada por May – foi finalizada a quatro mãos no estúdio. A sequência harmônica da música é bastante atípica para os padrões do Queen. Basicamente, ela foi estruturada na variação de um mesmo acorde. Numa análise da fita demo da música é possível observar a sequência harmônica tocada por May em um sintetizador Yamaha DX 7 com loops de baixo e bateria. Já na versão lançada os mesmos foram substituídos pelo baixo tocado por John Deacon e a bateria de Roger Taylor.

A letra – a parte dramática da canção – contou com a ajuda de Freddie em sua finalização, garantindo à composição um teor autobiográfico. De fato, se algo ainda precisava ser comprovado para o mundo acreditar na genialidade de Freddie Mercury, ela seria ratificada nas gravações de "The Show Must Go On". Tudo por conta do registro dos vocais da faixa, alcançado em apenas um *take* pelo cantor. Algo fantástico para um músico cansado, debilitado e deprimido naquele período de sua vida tomado pelas sequelas do HIV.

Como um adeus para seus fãs, o Queen lançou "The Show Must Go On" como último *single* de *Innuendo*, acompanhada por "Keep Yourself Alive" – o primeiro *single* que promoveu seu disco de estreia no pop, alcançando a modesta posição de numero 16 nas paradas britânicas. Porém, quando lançada no ano seguinte pelo selo Hollywood Records em território americano, com sua obra-prima "Bohemian Rhapsody" no lado B, a música ganhou fôlego renovado. O relançamento levou a faixa a uma posição não obtida pela banda nos EUA desde "Another One Bites the Dust", *single* extraído do álbum *The Game* de 1981.

Um clipe para "The Show Must Go On" foi produzido pela companhia Torpedo Twins, que editou várias imagens de distintos períodos da carreira do Queen, aumentando o grau de emotividade e drama da música.

Tocada ao vivo pelos sobreviventes do Queen com Elton John aos vocais no show *Tributo a Freddie Mercury* em 20 de abril de 1992, no estádio Wembley, em Londres.

Freddie Mercury: Vocais e vocais de apoio
Brian May: Guitarra Red Special e sintetizador Yamaha DX7
John Deacon: Baixo Fender Precision
Roger Taylor: Bateria Ludwig

QUEEN

OS ÁLBUNS

CAPÍTULO 16
Made in Heaven

Após o lançamento do álbum *Innuendo* em fevereiro de 1991, Freddie Mercury sabia que seu tempo de vida era curto. O impacto da doença mexeu muito com seu psicológico e o cantor decidiu encontrar uma válvula de escape para evitar cair ainda mais em depressão. Convicto de que a melhor saída era mergulhar no trabalho, ele sugeriu para a banda que voltassem ao estúdio para mais gravações, que seriam utilizadas como lados B de *singles* do LP. Essas sessões aconteceriam desta vez em Montreux, na Suíça, no estúdio particular do Queen.

Assim como nas sessões finais de *Innuendo*, o processo de trabalho nas faixas que acabariam em *Made in Heaven* foi bastante lento. Mercury precisava de muitos cuidados médicos e a atenção deveria ser redobrada com sua frágil saúde. Mais uma vez, a opção era apenas gravar quando Freddie se sentisse bem o suficiente para trabalhar nas canções. Apesar de todo o drama vivido pelo vocalista, o alto-astral predominou durante as sessões, que duraram até junho de 1991, com o término do vídeo promocional do *single* "These Are the Days of Our Lives". Nesse período, mas três faixas foram produzidas: "You Don't Fool Me", "Mother Love" e "A Winter's Tale", além de alguns esboços de canções que acabariam em discos solo como: "New Dark Ages" e "Fredom Train". Após o bem-sucedido – porém, tortuoso período criativo – Brian May e Roger Taylor continuaram o trabalho para divulgar *Innuendo* e John Deacon retornou à sua casa, em Londres, para ficar com sua família. Já Freddie Mercury – cada vez mais dominado pela doença – preferiu se recolher à sua mansão em Garden Lodge, até 24 de novembro de 1991 – dia em que o mundo ficou sabendo pela primeira vez que o artista era portador do HIV. Não por coincidência, data oficial de seu falecimento para choque de seus fãs em todo o planeta.

O FIM DO QUEEN

Após toda a comoção causada pela morte de Freddie, John, Roger, Brian e Jim Beach (empresário da banda) decidiram por fim às atividades oficiais do Queen. Para a despedida, organizaram um show beneficente em exaltação à vida e à carreira de Freddie Mercury. O evento, batizado como *Concert for Life*, foi realizado em 20 de abril de 1992 no estádio Wembley, em Londres. Com um público estimado em 72 mil pessoas, contou com participações de estrelas como Guns N' Roses, Metallica, Extreme, David Bowie, Annie Lenox, George Michael, Zucchero, Robert Plant, Seal, Paul Young, Elton John, e Lisa Stansfield. Sucesso total de audiência (e transmitido no Brasil pela Rede Bandeirantes), o tributo a Freddie Mercury também ganhou destaque por angariar milhões de dólares para investimentos em medicamentos ao combate à AIDS.

Menos de um ano após a morte de seu vocalista e principal estrela, rumores na mídia alertavam para a possibilidade de George Michael (que havia brilhado no concerto em tributo a Mercury com "Somebody to Love") assumir os vocais do Queen para cantar nos palcos do mundo – fato negado imediatamente pela banda. Com o final (ainda que provisório) do grupo, cada integrante do Queen decidiu seguir seus projetos solo, com exceção de Deacon, que preferiu curtir as férias domésticas. Roger continuou sua carreira solo fazendo shows e gravando um álbum (*Hapiness?*), lançado em 1994.

Já Brian, em 1992, enfim lançou seu álbum *Back to the Light*. Para promovê-lo o guitarrista saiu em turnê, passando inclusive pelo Brasil com um show em janeiro de 1993 no Imperator (RJ). Na parte europeia da turnê a abertura foi feita pelos brasileiros Paralamas do Sucesso, esta parceria ainda rendeu a participação de May na faixa "El Vampiro Bajo en el Sol" dos Paralamas, gravada em Londres.

As coisas começariam a mudar em 1993, quando John e Roger tocaram no Cowdray Park Charity Concert, junto com: David Gilmour, Eric Clapton e Genesis.

Naquela ocasião, Jack Smith – presidente do fã clube londrino do Queen – declarou que Roger lhe havia comentado que ele e John estavam trabalhando em algumas canções da banda com a voz de Freddie, e que no futuro elas deveriam ser lançadas. Suspense. A excitação dos seguidores da banda atingiria o ponto máximo quando John Deacon veio a público confirmar as sessões e ainda garantir que as faixas terminariam em um álbum inédito do Queen ainda sem data de lançamento determinada. A notícia animou a todos, com exceção de Brian May. Em turnê de divulgação de seu disco, o guitarrista lamentou que seus parceiros tivessem começado o trabalho sem sua presença. Desavenças à parte, os trabalhos continuaram já com a presença de May no comando de sua Red Special e o ano de 1995 parecia ser promissor para os órfãos de Freddie Mercury. Sua voz poderia ser ouvida mais uma vez, afinal.

Durante este período, o fã-clube da banda promoveu uma pesquisa por meio da qual era possível sugerir um nome para o novo álbum. Vários títulos foram propostos: *The Show Goes On*, *From a Smile to Innuendo*, *Anyway the Wind Blows*, *Phoenix*, etc. Mas seguindo a tradição dos derradeiros álbuns da banda eles resolveram utilizar o nome de uma das canções do LP, *Made in Heaven*.

AS SESSÕES

O conceito usado pelos remanescentes do Queen foi o de escolher faixas para *Made in Heaven* que tivessem mensagens positivas e que passassem a emoção de Freddie Mercury para o público. Outro detalhe das sessões (realizadas no Cosford Mill Studio, de Roger Taylor e também no Allerton Hill de Brian May) foi incluir canções não lançadas oficialmente pela banda – apesar de algumas delas terem já integrado discos de suas respectivas carreiras solo, a exemplo da faixa-título que seria regravada completamente pelo grupo. Com as sessões em rápido progresso, o primeiro aperitivo de *Made in Heaven* a chegar ao alcance dos fãs foi o *single* "Heaven for Everyone", em outubro de 1995 – um mês antes do lançamento oficial do disco. De imediato, o disquinho chegou ao nº 2 nas paradas britânicas, onde permaneceu no Top 10 durante três semanas.

Aqui no Brasil, uma gafe agitou os fãs locais quando um locutor de rádio acusou a banda de enganar os fãs, por lançar uma canção que "poderia ser tudo, menos inédita". Os amantes do Queen, pelo contrário, não se sentiram logrados. Os mais atentos estavam cientes de que a faixa havia sido incluída como parte de um disco de Roger Taylor (*Shove It*). Afinal, a música – gravada durante as sessões de *A Kind of Magic* – havia sido resgatada para seu trabalho solo, exatamente por ter sido descartada pelo Queen.

Além das músicas e de seu sucesso comercial iminente, o álbum *Made in Heaven* se destacou por seu teor sentimental em homenagem a Freddie Mercury. A dedicação da banda ao amigo ficou clara, desde a arte de capa, na qual eles utilizaram uma foto da estátua levantada em homenagem a Freddie Mercury, que fica em Montreux, na Suíça, às margens do lago Geneva. Na contracapa uma foto dos 3 remanescentes, tirada em Londres, montada para aparentar ser do mesmo local.

O álbum seria finamente lançado em novembro de 1995 junto com um documentário contando toda a história da banda, intitulado *Champions of the World* – imediatamente alcançando a posição de número 1 nas paradas britânicas e só perdendo em vendas no ano para outro mega lançamento da antologia dos Beatles (*Anthology 1*).

MADE IN HEAVEN – FAIXA A FAIXA

IT'S A BEAUTIFUL DAY

autoria: Freddie Mercury | arranjos: Queen
produção: Reinhold Mack, David Richards e Queen

engenharia e mixagem: David Richards e Queen
gravada em: Musicland – 1980
regravada e mixada em: Cossford Mill e Allerton Hill – 1994

Sobra das profícuas sessões do álbum *The Game* (que chegou a produzir mais de 40 faixas), "It's a Beautiful Day" (na época, "Beautiful Day") foi retomada pelo Queen especialmente para o "novo" disco e escolhida para abrir *Made in Heaven* em grande estilo. Em sua roupagem inicial, a faixa apresentava somente vocais e piano – ambos, claro, executados por seu próprio compositor, Freddie Mercury. O arranjo original foi mantido pela banda. John Deacon ainda adicionou à música mais uma guitarra, bateria programada e um sintetizador simulando um oboé e uma orquestra. O toque final aumentou o teor de emoção à faixa, dando a ideia de que Freddie estaria em algum lugar, vivo e curtindo sua vida em "mais um dia maravilhoso...".

Freddie Mercury: Vocais e piano Bosendorfer

Brian May: Guitarra Red Special

John Deacon: Baixo Fender Precision e sintetizadores sampler ASR 10

Roger Taylor: Bateria Ludwig

MADE IN HEAVEN

autoria: Freddie Mercury
arranjos: Queen
produção: Freddie Mercury, Reinhold Mack, David Richards e Queen
engenharia e mixagem: David Richards e Queen
gravada em: Record Plant – 1983
regravada e mixada em: Cossford Mill e Allerton Hill – 1994

Gravada e lançada originalmente por Freddie Mercury como *single* e em seu LP *Mr. Bad Guy*. A faixa, na época, foi lançada junto com um vídeo filmado em Londres, dirigido por David Mallet e um dos mais caros da carreira solo de Freddie.

O vídeo trazia Freddie Mercury no topo do mundo, rodeado por um cenário inspirado na obra *O Inferno de Dante*, ou *O Inferno*, da obra *A Divina Comédia*, de Dante Alighieri.

MASTERS

"Made in Heaven" foi radicalmente modificada pelo Queen para sua entrada no álbum e acabou usada como título – bastante apropriado – para o mesmo. O processo de "mutação" da canção começou a ser realizado por Brian May. O guitarrista usou a fita máster gravada em 1985 e desenvolveu um novo arranjo para a música em seu estúdio particular, em Allerton Hill, com destaque para o solo de slide de sua autoria.

Apesar de não ter sido lançada como *single*, "Made in Heaven" foi escolhida como a faixa favorita do álbum pelos ouvintes da rádio britânica Virgin durante as celebrações dos cinco anos da morte de Freddie Mercury.

Freddie Mercury: Vocais, piano e vocais de apoio
Brian May: Guitarra Red Special e sintetizador sampler ASR 10
John Deacon: Baixo
Roger Taylor: Bateria Ludwig

LET ME LIVE

autoria: Queen
arranjos: Queen
produção: David Richards e Queen
engenharia e mixagem: Reinhold Mack, Queen e David Richards
gravada em: Record Plant – 1983
regravada e mixada em: Cossford Mill e Allerton Hill – 1994

Assim como "It's a Beautiful Day", "Let Me Live" foi resgatada do passado distante do Queen para entrar diretamente em *Made in Heaven*. A faixa nasceu em 1976, quando a banda participou de uma *jam session* com Rod Stewart, mas tinha um nome diferente: "Another Little Piece of My Heart" (trecho extraído de sua própria letra). Demorou mais sete anos para o Queen resgatar a música durante as sessões do LP *The Works*, em Los Angeles, em uma sessão que contou novamente com presença de Rod Stewart e do guitarrista Jeff Beck.

Antes de gravar a música para *Made in Heaven*, foi preciso muito trabalho para "alongar" a faixa, já que a versão original tinha apenas 90 segundos. Brian May e Roger Taylor, então, incluíram mais versos e chamaram as cantoras Rebbeca Leigh-White, Catherine Porter, Gary Martin e Miriam Stocley (que já haviam trabalhado com Freddie em *Barcelona*, e com Brian e Roger em alguns de seus projetos solo) para incrementar os arranjos vocais.

Um problema na melodia de "Let Me Live" obrigou os remanescentes do Queen a mudarem a faixa para evitar processos judiciais, em virtude de algumas semelhanças com a canção "Piece of My Heart" (gravada por Janis Joplin).

"Let Me Live" – que alcançou o 9º lugar nas paradas do Reino Unido – foi o quarto *single* lançado para promover *Made in Heaven*. A música foi comercializada em duas versões. A primeira com três canções do álbum *Jazz* como lados B ("Bicycle Race", "Don't Stop Me Now" e "Fat Bottomed Girls"). A última delas, acompanhada por três faixas oriundas das primeiras sessões da banda na rádio BBC ("My Fairy King", "Doing All Right" e "Liar").

Freddie Mercury: Vocal
Brian May: Guitarra Red Special e vocal
John Deacon: Baixo Fender Precision e sintetizador
Roger Taylor: Bateria Ludwig, sintetizador e vocal
Miriam Stocley, Rebbeca Leigh-White, Catherine Porter e Gary Martin: Vocais

MOTHER LOVE

autoria: Freddie Mercury e Brian May | arranjos: Queen
produção: David Richards e Queen
engenharia e mixagem: David Richards e Queen
gravada em: Mountain – 1991
regravada e mixada em: Cossford Mill e Allerton Hill – 1994

"Mother Love" ficou marcada como a última canção gravada por Freddie Mercury, em junho de 1991, cinco meses antes de perder sua dolorosa batalha contra a AIDS. De fato, boa parte da faixa havia sido preparada e coube ao resto do grupo finalizá-la para a inclusão em *Made in Heaven*. O último verso seria incluído somente em 1994, já com os vocais de Brian May.

Sobre o processo das gravações, Brian May contaria mais tarde que Freddie não conseguia se contentar com a sua performance de forma alguma durante as sessões – principalmente no trecho central da música com notas bem altas. Com esse obstáculo pela frente, Brian revelou que Mercury precisou beber uma grande quantidade de vodka para poder suportar

MASTERS

a dor que sentia e gravar o vocal da forma incrível como ouvimos na versão final em *Made in Heaven*.

"Mother Love" é uma das poucas faixas gravadas pelo Queen em que Brian utilizou uma guitarra diferente – no caso uma Parker Fly. A Red Special – fiel escudeira do músico – apenas seria utilizada na fita demo e no *power chord* executado a 1 minuto e 26 segundos e em alguns arpejos no decorrer da faixa.

Um trecho em reverso foi adicionado ao final da faixa para representar os vários períodos da vida de Freddie. Entre eles está o fantástico improviso vocal em Wembley, e trechos de algumas canções do Queen. Acredita-se que a parte gravada ao contrário é uma edição reversa de "Bohemian Rhapsody". Outras partes da colagem incluem trechos de "Going Back" (gravada por Freddie como Larry Lurex em 1972 – sua primeira música registrada) e o choro de um bebê, retirado da coleção de sons do estúdio.

Freddie Mercury: Vocais e sintetizadores Korg M1 DSP
Brian May: Guitarra Parker Fly, guitarra Red Special, vocal e sampler ASR 10
John Deacon: Baixo Fender Precision
Roger Taylor: Bateria Ludwig e sintetizadores ASR 10

MY LIVE HAS BEEN SAVED

autoria: John Deacon | arranjos: Queen
produção: David Richards e Queen
engenharia e mixagem: David Richards e Queen
gravada em: Mountain – 1988
regravada e mixada em: Cossford Mill e Allerton Hill – 1994

Faixa recuperada das sessões do álbum *The Miracle* e lançada anteriormente como lado B do *single* "Scandal" em 1989. Para sua inclusão em *Made in Heaven* a música ganhou um arranjo diferente, criado pelo produtor David Richards, e uma introdução feita por Brian May com sua Red Special. Durante muito tempo, os fãs acreditaram que Brian May seria o autor da música. Após o lançamento do álbum, o produtor David Richards esclareceu a dúvida, garantindo que "My Life Has Been Saved" era uma criação de John Deacon com arranjo composto pelo próprio produtor.

Freddie Mercury: Vocais
Brian May: Guitarra Red Special

John Deacon: Baixo Fender Precision, sintetizador Korg M1 DSP e sampler ASR 10
Roger Taylor: Bateria Ludwig

I WAS BORN TO LOVE YOU
autoria: Freddie Mercury | arranjos: Queen
produção: Reinhold Mack, David Richards e Queen
engenharia e mixagem: David Richards e Queen
gravada em: Record Plant – 1983
regravada e mixada em: Cossford Mill e Allerton Hill – 1994

"I Was Born to Love You" – assim como "Made in Heaven" – foi lançada por Mercury no seu álbum solo *Mr. Bad Guy*, e também como *single*, alcançando a posição de número 11 nas paradas britânicas.

Já em *Made in Heaven*, a versão escolhida tem Freddie Mercury ao piano, com *overdubs* de sintetizadores. Para esta nova "encarnação" da música, Brian May, Roger Taylor e John Deacon aproveitaram a matriz original e fizeram diversos *overdubs* para dar à faixa um clima mais Queen, com adição de sintetizadores, além de bateria, baixo e guitarras.

Lançada como *single* no mercado japonês, "I Was Born to Love You" alcançou o primeiro lugar nas paradas.

Freddie Mercury: Vocais, piano, sintetizador Oberheim OBX e vocais de apoio
Brian May: Guitarra Red Special
John Deacon: Baixo Fender Precision
Roger Taylor: Bateria Ludwig

HEAVEN FOR EVERYONE
autoria: Freddie Mercury | arranjos: Freddie Mercury
produção: David Richards e Queen
engenharia e mixagem: David Richards e Queen
gravada em: Mountain – 1986
regravada e mixada em: Cossford Mill e Allerton Hill – 1994

Canção de Roger Taylor composta originalmente para o álbum *A Kind of Magic*. Neste período, a faixa básica foi preparada para que Joan Armatra-

MASTERS

ding (a mesma cantora que participou de "Don't Lose Your Head") gravasse seu vocal, porém a ideia foi abortada e a banda abandonou a gravação. Com o descarte do LP, Roger Taylor resolveu incluí-la em seu disco solo, *Shove It* (1988). Para isso o baterista preparou duas versões: uma com seu vocal e outra com Freddie Mercury cantando como músico convidado. Dois *singles* foram lançados em países diferentes. O mercado norte-americano receberia a versão com Mercury nos vocais, enquanto na Inglaterra seria a com Roger como vocalista, com Freddie nos vocais de apoio. A música alcançou a modesta posição de número 83 nas paradas britânicas. Mais tarde, após a morte de Mercury, esta modesta posição mudaria drasticamente com a versão de *Made in Heaven*.

Com uma letra totalmente inserida no contexto de *Made in Heaven* a banda resolveu rearranjá-la, utilizando a voz de Mercury gravada para o *single* americano, além dos *backing vocals* gravados por ele para o *single* inglês. A faixa foi novamente lançada como *single* em outubro de 1995, um mês antes do lançamento do álbum, alcançando imediatamente a posição de número 2 nas paradas britânicas. Esta foi a melhor posição da banda ou de músicas solo de seus integrantes desde *Innuendo*, em 1991. Em função do lançamento do *single* o diretor David Mallet foi convidado para gravar um vídeo. Devido à ausência de Mercury ele resolveu que o clipe deveria conter imagens da banda misturadas com imagens do filme de 1902, *Le Voyage dans la Lune*.

O resultado ficou bastante interessante e a banda resolveu convidar jovens talentos do cinema britânico para filmar um vídeo para cada faixa do álbum. Dentre estes convidados, Simon Pummel criou uma nova versão para a faixa. O vídeo foi batizado de "Evolution" e entrou no álbum de videoclipes do disco. Já a versão de Mallet ficou para a coletânea *Greatest Hits III*.

Freddie Mercury: Vocais e vocais de apoio
Brian May: Guitarra Red Special
John Deacon: Baixo Fender Precision
Roger Taylor: Bateria Ludwig, vocais de apoio e sintetizador ASR 10

TOO MUCH LOVE WILL KILL YOU
autoria: Queen | arranjo: Queen
produção: David Richards e Queen
engenharia e mixagem: David Richards e Queen
gravada em: Mountain – 1988
regravada e mixada em: Cossford Mill e Allerton Hill – 1994

Canção composta por Brian May e alguns amigos, como Frank Musker e Elisabeth Lamers, em 1988, durante uma viagem aos EUA. "Too Much Love Will Kill You" foi gravada durante as sessões de *The Miracle*, mas descartada pelo Queen, temendo problemas com direitos autorais relativos aos compositores que a fizeram em parceria com Brian May. Sua letra fala sobre o período de separação de sua primeira esposa, Chris Mullen May, e do novo relacionamento com a atriz Anita Dobson. De fato "Too Much Love Will Kill You", relata bem como Brian se sentia neste período, bastante deprimido e confuso com todas as mudanças que estavam ocorrendo em sua vida: separação, morte do seu pai, indefinições com a banda.

Freddie Mercury: Vocais e vocais de apoio
Brian May: Guitarra Red Special e sintetizador Yamaha DX 7
John Deacon: Baixo Fender Precision
Roger Taylor: Bateria Ludwig

YOU DON'T FOOL ME

autoria: Queen | arranjos: Queen
produção: David Richards e Queen
engenharia e mixagem: David Richards e Queen
gravada em: Mountain – 1991
regravada e mixada em: Cossford Mill e Allerton Hill – 1994

Composta por Freddie e Roger logo após a produção do LP *Innuendo*, "You Don't Fool Me" é muito mais uma colagem sonora do que uma canção em estrutura. Foi montada com a ajuda do produtor David Richards especialmente para sua inclusão em *Made in Heaven*. David desenvolveu uma estrutura específica sobre diversos "pedaços" de vocais que haviam sido gravados por Mercury em 1991. May disse que antes do trabalho complexo de Richards não pensava em aproveitar nada da faixa. Ao ouvir o *mix* preparado pelo produtor, ficou surpreso. Logo em seguida, apresentou o trabalho para a banda e eles imediatamente trataram de incluir guitarra, baixo e bateria ao arranjo. Uma nova faixa do Queen havia nascido!

Um detalhe interessante é que a banda, ciente da atmosfera *dance club* da faixa, contratou alguns DJs para remixá-la. Como resultado obteve cerca de 21 remixagens e uma banda de rock, tocando em inúmeros points da cena *dance club* do mundo.

MASTERS

Lançada como *single* em novembro de 1996, alcançando a modesta posição de número 17. Para promover a canção, um vídeo foi produzido com a direção de Mark Szaszy, que lembra bastante o clipe "Body Language" de *Hot Space*.
Freddie Mercury: Vocais, vocais de apoio e sintetizador Korg M1
Brian May: Guitarra Red Special
Roger Taylor: Sintetizador Korg M1 e bateria programada
David Richards: Edição

A WINTER'S TALE
autoria: Freddie Mercury | arranjo: Queen
produção: David Richards e Queen
engenharia e mixagem: David Richards e Queen
gravada em: Mountain – 1991
regravada e mixada em: Cossford Mill e Allerton Hill – 1994

"A Winter's Tale" pode ser considerada definitivamente a última canção composta por Freddie Mercury e "Mother Love", a última a ser gravada. Jim Hutton, companheiro de Freddie nos últimos anos de vida conta que ela foi escrita no inverno de 1990 em Montreux, na Suíça, às margens do lago Geneva, na casa que Freddie tinha naquela região.

Apesar de transparecer tristeza na interpretação de Freddie, a música é quase uma descrição da bucólica paisagem que ele enxergava. Talvez esta

interpretação tenha sido motivada pela situação que ele vivia e por saber que dificilmente ele veria o inverno novamente.

Gravada nas sessões pós-*Innuendo*, no Mountain estúdios, na Suíça e depois completada nos estúdios particulares de Roger e May. Durante este período, Roger regravou a bateria e eles acrescentaram vocais de apoio.

Lançado como segundo *single* do álbum, a música foi comercializada de três formas na Inglaterra: a primeira delas com novas mixagens para "Somebody to Love", "Now I'm Here" e "You're My Best Friend". A segunda, com "Thanks God It's Christmas" e a terceira e última, com "Rock in Rio Blues" no lado B, alcançando a 6ª posição nas paradas britânicas. O *single* não foi lançado no mercado americano.

Para promover o *single* foram lançados dois vídeos: um pela DoRo productions e outro pelo British Film Institute – este rebatizado como "Outside In".

Freddie Mercury: Vocais e sintetizador Korg M1 DSP
Brian May: Guitarra Red Special e vocais de apoio
John Deacon: Baixo Fender Precision
Roger Taylor: Bateria Ludwig e vocais de apoio

IT'S A BEAUTIFUL DAY – REPRISE
autoria: Freddie Mercury | arranjos: Queen
produção: David Richards, Reinhold Mack e Queen
engenharia e mixagem: David Richards e Queen
gravada em: Musicland – 1980
regravada e mixada em: Cossford Mill e Allerton Hill – 1994

Versão remixada e mais longa da primeira faixa do álbum, criada para as pistas de dança em todo mundo. Assim como em "Mother Love", trechos de canções da banda foram incluídos para esse novo *mix* – como o piano da faixa "Seven Seas of Rhye".

David Richards: Edição

YEAH
autoria: Freddie Mercury | produção: David Richards e Reinhold Mack
gravada em: Musicland – 1982

MASTERS

A faixa, que não aparece intitulada no álbum, nada mais é do que Freddie cantando "Yeah", trecho extraído da música "Action This Day" do LP *Hot Space*.

FAIXA 13 (REVISITED)

autoria: Freddie Mercury | arranjos: Freddie Mercury
produção: Roy Thomas Baker e Queen
engenharia e mixagem: Mike Stone

A mais "misteriosa" faixa de todo o repertório da banda. Com quase 23 minutos, a música – que não aparece creditada na capa – é uma "viagem" da banda movida pela emoção da conclusão do primeiro trabalho sem a presença de Freddie Mercury. David conta que começou a fazer os acordes de "It's a Beautiful Day" no seu AST, e o trabalho começou a se desenvolver de forma imediata. Roger e Brian, que gostaram do resultado, logo adicionaram alguns efeitos e David Richards mixou a voz de Freddie com bastante eco. Segundo Brian, a ideia de incluir esse verdadeiro experimento no álbum foi simbolizar "a passagem de Freddie para um outro mundo". Para criar um ar cheio de mistério, a banda mixou a faixa num volume bem mais baixo do que as demais do LP, e só percebia que ainda havia mais uma música em *Made in Heaven* quem esquecia de desligar o seu CD player (ou no caso do vinil, o velho toca-discos!).

David Richards: Sampler ASR 10

QUEEN

OS ÁLBUNS

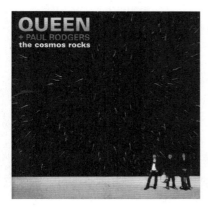

CAPÍTULO 17
Cosmos Rock

Após o lançamento de *Made in Heaven* em 1995 o Queen definitivamente encerrou suas atividades como banda e cada membro sobrevivente seguiu seus passos: John se afastou do *showbiz*, Roger e Brian seguiram suas carreiras solo com shows e alguns poucos álbuns, como *Another World* de Brian em 1998 e *Electric Fire* de Roger no mesmo ano. Porém um ano antes os fãs do Queen puderam sentir o gostinho de algo novo. Motivado pela trágica morte da princesa Diana num acidente de carro provocado pela agressividade dos paparazzi e ainda triste pela perda de seu amigo Freddie Mercury, Brian May escreveu a faixa "No One But You (Only the Good Die Young)". Inicialmente o plano de Brian era lançar essa faixa em seu álbum solo, porém devido à temática ele achou que ela teria de ser uma canção do Queen. Sendo assim, ele convidou Roger e John para seu estúdio particular em Allerton Hill e os três gravaram aquela que seria a última gravação dos três juntos, ao menos até o dia de hoje. A faixa foi lançada na coletânea *Queen Rocks*, que além dela trazia "I Can't Live With You" de *Innuendo*, gravada agora com bateria de verdade no lugar da bateria eletrônica, de resto nada de novo.

Os anos foram se passando e surgiram inúmeras especulações sobre quem seria o substituto de Freddie Mercury nos vocais do Queen, mesmo sem a banda nunca ter mostrado qualquer intenção que quisesse voltar à ativa. Robbie Williams, George Michael e tantos outros foram colocados no posto de Freddie Mercury, mas nunca passou de mera especulação.

Em 2004 porém algo diferente ocorreu. Na indução da banda ao Rock and Roll Hall of Fame britânico, Brian e Roger resolveram convidar Paul Rodgers para cantar com eles duas faixas do Queen e uma de Paul: "We Will Rock You", "We Are the Champions" e "All Right Now", respectivamente. Alguns meses depois Brian May e Roger Taylor iniciariam uma turnê sob o nome *Queen 21 Anos Depois da Magic Tour*, o nome artístico adotado seria Queen + Paul Rodgers, decisão tomada a fim de manter intacto os nomes da banda e o de Paul.

Foram exatamente 66 shows nos anos de 2005 e 2006 entre Europa, Japão e América do Norte, executando clássicos do Queen e de bandas de Paul, tais como Free e Bad Company.

Após o fim desses shows Paul seguiu seus compromissos de carreira solo e Roger achou que não teria como continuar senão através da gravação de um álbum. Brian, de início, relutou pois estava envolvido com diversos projetos em diversas áreas tais como: a complementação de sua tese de PHD, o livro *Bang, the Complete History of Universe* e o musical *We Will Rock You*.

Porém a persistência de Roger venceu e Brian e, na sequência, Paul resolveram entrar em estúdio juntos para gravar um novo álbum.

As sessões iniciaram no verão de 2007 no estúdio Cossford Mill (home estúdio de Roger Taylor). A princípio eles só se preocupavam em compor e gravar demos do que quisessem, sem cronogramas, temas ou qualquer tipo de pressão. Segundo o próprio Paul Rodgers: "Roger sentava na bateria, Brian pegava alguma guitarra, eu um violão ou piano e começamos e tocar livremente até que algo fosse criado, num processo bem orgânico!!!"

Porém com o desenrolar das gravações os três sentiram que tinham algo a provar ainda, não a seus fãs ou a imprensa, mas sim a si mesmos. Eles ainda poderiam atuar no mercado fonográfico não como velhos "dinossauros" e sim como uma banda de verdade.

Um problema encontrado nessas sessões e que pode ser nitidamente sentido ao ouvir o disco é a ausência de John Deacon, que, desde o início da parceria em 2004, se recusou a voltar a tocar. Brian acabou se encarregando da maioria dos baixos, mas a sonoridade definitivamente não era a mesma.

Em três semanas juntos eles conseguiram gravar duas canções: "Vodoo" e "Time to Shine" ambas de Paul. Muitas ideias e um clima muito bom, assim no fim do verão nove canções já estavam prontas e cinco mais ainda estavam por vir.

Para Roger, algo interessante nessas sessões foi a maneira de Paul Rodgers trabalhar, totalmente diferente da deles: "Paul era muito espontâneo enquanto nós éramos muito focados, e no fim das contas ele nos ensinava a ser mais espontâneos e a gente o ensinava a cantar harmonias vocais."

Curiosamente a primeira faixa do álbum a ser lançada era "Say It's Not True", uma regravação da canção de Roger que era executada nas turnês de 2005 e 2006. A faixa foi lançada como *single* e atingiu somente a posição número 90 nas paradas britânicas.

O álbum acabou sendo lançado em setembro de 2008 às vésperas de uma turnê iniciada em Khrakov na Ucrânia e encerrada no Rio de Janeiro no Brasil. Estranha e infelizmente esse show acabou sendo o último da parceria, após isso Paul Rodgers resolveu desfazê-la.

COSMOS ROCK – FAIXA A FAIXA

COSMOS ROCKIN
autoria: Roger Taylor
produção: Queen + Paul Rodgers
gravada e mixada em: The Priory

Abertura de um disco de inéditas do Queen após 13 anos, lembrando um pouco "One Vision" com uma introdução de sintetizador seguida por uma voz robótica que diz: "What the plane is this? Let there be rock and roll" ("Que planeta é esse? Deixe o rock acontecer"). "Cosmos Rockin" é um grande rock and roll que lembra bastante algumas coisas do *status quo*, ou mesmo uma versão anos 2000 de "Rock It".

A ideia para o título surgiu quando Roger apareceu com um esboço cujo nome era "The Whole World's Rockin". Em 2008, Brian comentou que o título definitivo se devia a gradação semântica que acompanhava a evolução da letra. A faixa inicia com "the whole house rockin" ("a casa toda curtindo"), seguida por "the whole town rockin" ("a cidade toda curtindo"), depois "the whole world rockin" ("o mundo todo curtindo"), em tom de brincadeira Brian comentou que a sequência lógica seria "Cosmos Rockin" ("o Cosmos curtindo"), surgiu então a última estrofe e o título da faixa. Na mesma entrevista Brian disse: "Não há nenhuma mensagem secreta na faixa, somente que o poder do rock and roll permeia tudo no mundo."

A faixa foi uma das executadas na turnê de lançamento do álbum.

Paul Rodgers: Vocais

Brian May: Guitarra Red Special, vocais de apoio e baixo

Roger Taylor: Bateria DW e vocais de apoio

TIME TO SHINE

autoria: Paul Rodgers
produção: Queen + Paul Rodgers
gravada e mixada em: The Priory

"Time to Shine" foi a primeira música trazida por Paul Rodgers que foi composta especialmente para o projeto com o Queen. Paul afirma que se sentou ao piano e começou a tocar, e em alguns minutos Roger e Brian pegaram seus instrumentos e a faixa estava quase pronta.

Apesar de Brian e Roger afirmarem que a faixa foi composta especialmente para eles, a letra, que fala sobre a harmonia espiritual e busca por paz interior, destoa bastante das composições do Queen.

A canção foi tocada somente uma vez ao vivo no dia 23 de setembro de 2008 em Antuérpia, na Bélgica, porém um erro de execução nesta noite fez com que a banda a retirasse do set.

Paul Rodgers: Vocais

Brian May: Guitarra Red Special, vocais de apoio e baixo

Roger Taylor: Bateria DW e vocais de apoio

STILL BURNIN

autoria: Brian May
produção: Queen + Paul Rodgers e Justin Shirley Smith
gravada e mixada em: The Priory

"Still Burnin" é a primeira faixa do disco composta por Brian May, lembrando em alguns aspectos algumas canções de Brian nos anos 90, como "I Can't Live With You". Um espetacular solo de guitarra com slide e wha-wha e uma pequena homenagem a "We Will Rock You" complementam a faixa.

Paul Rodgers: Vocais
Brian May: Guitarra Red Special, vocais de apoio e baixo
Roger Taylor: Bateria DW e vocais de apoio

SMALL

autoria: Roger Taylor
produção: Queen + Paul Rodgers e Justin Shirley Smith
gravada e mixada em: The Priory

Faixa de Roger Taylor composta ao violão. Em alguns momentos chega a lembrar canções antigas de Paul Rodgers, porém modulações, harmonias vocais, letra e solo de guitarra dão toda a indicação de que o Queen está por trás dela.

A letra de Roger também é bem bonita refletindo a necessidade que todos temos de um refúgio e de como somos pequenos perante a natureza. De uma certa forma lembra "The Winter's Tale" do disco *Made in Heaven*.

Paul Rodgers: Vocais
Brian May: Guitarra Red Special, violão Guild 12 cordas, vocais de apoio e baixo
Roger Taylor: Bateria DW e vocais de apoio

WARBOYS (PRAYER FOR PEACE)

autoria: Paul Rodgers
produção: Queen + Paul Rodgers e Justin Shirley Smith
gravada e mixada em: The Priory

Canção de Paul Rodgers escrita para sua turnê solo de 2006, que acabou sendo aproveitada para *Cosmos Rock*. Segundo Paul, a canção já havia sido executada em seu lançamento solo, *Live in Glasgow*, porém ele a considerava inacabada.

Roger Taylor tratou de dar um peso maior à faixa criando uma atmosfera militar na execução da bateria.

Ainda segundo Paul Rodgers, o subtítulo "Prayer for Peace" foi criado pois ele gostaria que as pessoas interpretassem a faixa como uma oração à paz e não como uma canção de guerra.

Executada somente três vezes ao vivo, iniciando em 16 de setembro em Moscou e sendo removida após o show de 21 de setembro em Berlim.

Paul Rodgers: Vocais

Brian May: Guitarra Red Special, violão Guild 12 cordas, vocais de apoio e baixo

Roger Taylor: Bateria DW e vocais de apoio

WE BELIEVE

autoria: Brian May
produção: Queen + Paul Rodgers e Justin Shirley Smith
gravada e mixada em: The Priory

Canção típica de Brian May com seis minutos de duração e uma letra de certa forma reflexiva como diversas de suas composições, exemplos: "Long Away", "Good Company" e "White Man". Coincidentemente o álbum e a canção foram escritos no período que Barack Obama ascendia à presidência dos EUA e algumas pessoas acreditavam que a canção tinha uma mensagem subliminar relacionada a este fato, porém nunca nem um dos três integrantes do projeto fez qualquer menção a isso.

Em 2008 Roger Taylor disse a BBC: "Essa é uma canção típica de Brian, na qual eu creio que ele coloca diversas opiniões, mas a principal é que não há maldade pela qual não sejamos responsáveis."

"We Believe" foi lançada como *single* na Itália em novembro de 2008 sendo editada para cerca de 3 minutos. O resultado foi que a mesma atingiu a quarta posição nas paradas italianas. A intenção era lançar a faixa também nas paradas britânicas logo após "C-lebrity", porém o fim da parceria entre Queen e Paul Rodgers sepultou esse plano.

Paul Rodgers: Vocais

Brian May: Guitarra Red Special, violão Guild 12 cordas, vocais de apoio e baixo
Roger Taylor: Bateria DW e vocais de apoio

CALL ME
autoria: Paul Rodgers
produção: Queen + Paul Rodgers e Justin Shirley Smith
gravada e mixada em: The Priory

Paul Rodgers toca violão nessa faixa de sua autoria. Essa é também uma das canções que ele trouxe exclusivamente para o projeto e assim como "We Believe" estava programada para ser lançada como *single*, sendo abortada a ideia devido ao fim da parceria.

Nessa faixa Brian traz de volta uma característica peculiar de seu som: as guitarras em *overdub*. Cerca de cinco guitarras foram gravadas aqui com sua Red Special.

Em entrevista à *Classic Rock Magazine*, Brian disse: "Paul trouxe algumas coisas bem legais as quais podem ser comparadas a algumas canções do tempo de *Sheer Heart Attack*. Não gostaria de dizer que ela é uma 'Killer Queen' mas tem uma leveza parecida."

Paul Rodgers: Vocais e violão
Brian May: Guitarra Red Special, vocais de apoio e baixo
Roger Taylor: Bateria DW e vocais de apoio

VOODOO
autoria: Paul Rodgers
produção: Queen + Paul Rodgers e Justin Shirley Smith
gravada e mixada em: The Priory

Se "Small" de Roger Taylor tem a cara do Queen, "Voodoo" é uma canção típica dos trabalhos de Paul Rodgers nos quais o blues rock predomina. Assim como *Warboys* Paul Rodgers já havia executado essa faixa em sua turnê solo em 2007.

Segundo o próprio Paul a canção se desenvolveu em forma de *jam* no estúdio e foi gravada nos primeiros *takes*. A ideia pode ser remetida ao blues "Sleeping on Sidewalk" de 1977, na época em que o Queen gravou um blues de forma totalmente espontânea em poucos *takes*.

A faixa foi tocada em alguns shows da turnê do disco.

Paul Rodgers: Vocais e violão

Brian May: Guitarra Red Special, vocais de apoio e baixo

Roger Taylor: Bateria DW e vocais de apoio

SOME THINGS THAT GLITTER

autoria: Brian May
produção: Queen + Paul Rodgers e Justin Shirley Smith
gravada e mixada em: The Priory

Mais uma faixa de Brian May que é a sua cara: melodia emotiva, podendo ser remetida a "Sail Away Sweet Sister" e "Why Don't We Try Again" do seu disco solo *Another World*. Fica claro nesta faixa que se fosse gravada na voz de Brian May seria uma verdadeira canção do Queen como nos velhos tempos.

É notório que Brian May acreditava bastante na canção tanto que a lançou no álbum *Anthems* com a cantora Kerry Elis, mas com o nome de "I Love a Butterfly".

Paul Rodgers disse ao *Halesowen News*: "Algumas canções do disco são diferentes. Umas são muito naturais e orgânicas, como 'Voodoo', e outras são produções belíssimas, como 'All That Glitters'." (*sic*)

Paul Rodgers: Vocais e violão

Brian May: Guitarra Red Special, piano, vocais de apoio e baixo

Roger Taylor: Bateria DW e vocais de apoio

C-LEBRITY

autoria: Roger Taylor
produção: Queen + Paul Rodgers e Justin Shirley Smith
gravada e mixada em: The Priory

Quando o Queen iniciou suas atividades na década de 70 o mundo das "celebridades" era bem diferente: músicos, atores, escritores, diretores se tornavam famosos pela qualidade do seu trabalho. Quanto melhor e mais desafiador era seu trabalho, mais louros e mais glória ele recebia. Assim Brian May, Roger Taylor e Paul Rodgers, dentre centenas de outros, tinham seus rostos estampados nas publicações do mundo inteiro.

Porém na década de 2000 esse conceito ganhou uma nova conotação. Artistas e qualquer tipo de gente com atributos muitas vezes duvidosos buscavam incessantemente exposição a qualquer preço. Esse fato se acentuou ainda mais com a internet e as redes sociais.

De forma irônica Roger compôs essa faixa que acabou virando o *single* do álbum e tocou nas rádios de todo mundo atingindo o número 1 nas paradas de rock britânicas e posição número 33 dentre os *singles* britânicos de todos os estilos. Segundo o próprio Roger ela retratava o desespero das pessoas por conseguirem fama a qualquer preço.

A faixa tem um *riff* de guitarra marcante (provavelmente composto por Roger Taylor), bateria bem pontuada e vocais de apoio grandiosos com a presença do baterista do Foo Fighters, Taylor Hawkins, que já havia tocado diversas vezes com Brian May e Roger Taylor e tinha esse último como uma de suas maiores influências na bateria.

"C-lebrity" foi apresentada ao público muito antes do disco, no dia 04 de abril no *Al Murray's Happy Hour TV Show*, na Inglaterra, e foi executada em todos os shows da turnê de *Cosmos Rock*.

Paul Rodgers: Vocais

Brian May: Guitarra Red Special, vocais de apoio e baixo

Roger Taylor: Bateria DW e vocais de apoio

Taylor Hawkins: Vocais de apoio

THROUGHT THE NIGHT

autoria: Paul Rodgers
produção: Queen + Paul Rodgers e Justin Shirley Smith
gravada e mixada em: The Priory

Entrando na reta final do álbum vem esta faixa que é de Paul Rodgers e foi composta especificamente para o álbum. "Throught the Night", assim como a maioria das canções de Paul para o álbum, tem uma letra simples sem o intuito de passar alguma mensagem específica com a preocupação única de criar uma atmosfera para o arranjo grandioso que a segue.

Nessa faixa é possível que Brian May tenha gravado com a guitarra ligada diretamente na mesa e não plugada no VOX AC 30, já que seu timbre destoa bastante do som do VOX.

Paul Rodgers: Vocais e piano
Brian May: Guitarra Red Special e vocais de apoio
Roger Taylor: Bateria DW e vocais de apoio

SAY IT'S NOT TRUE

autoria: Roger Taylor
produção: Queen + Paul Rodgers e Justin Shirley Smith
gravada e mixada em: The Priory

Composta e gravada para o projeto 46664 em 2003. 46664 era o número de prisioneiro de Nelson Mandela, ou melhor, ele era o prisioneiro 466 do ano de 1964. Em 2003 o próprio Mandela resolveu criar o festival 46664 para angariar fundos para o combate à AIDS no continente africano. A contribuição do Queen, além de um show no Green Point na Cidade do Cabo, foi o *single* "Say It's Not True".

A faixa foi regravada em setembro de 2007 com Queen e Paul Rodgers e relançada como *single* no dia 1 de dezembro daquele ano (dia mundial de combate à AIDS).

A primeira versão de 2003 contava com Dave Stewart, do Eurithimics, Brian May nos violões, um acordeonista até hoje desconhecido e Roger nos vocais. Na versão de 2007 o vocal principal é dividido entre Brian, Paul e Roger.

Assim como "C-lebrity" a faixa foi executada em toda turnê *Cosmos Rock*.
Paul Rodgers: Vocais
Brian May: Vocais e guitarra Red Special
Roger Taylor: Vocais, sintetizador e bateria DW

SURF'S UP... SCHOOL'S OUT

autoria: Roger Taylor
produção: Queen + Paul Rodgers e Justin Shirley Smith
gravada e mixada em: The Priory

O título desta faixa de Roger mistura a sinfonia de bolso de Brian Wilson, dos Beach Boys, com "School's Out", de Alice Cooper. A faixa é um grande rock and roll com direito a algo nunca visto numa faixa do Queen, a presença da gaita (aqui executada por Paul Rodgers).

A faixa estreou na turnê de *Cosmos Rock*, no dia 21/09/2008, inicialmente em substituição a "One Vision" na abertura do show. Depois a faixa foi para o meio do show até a apresentação do dia 28/11/2008 no Rio de Janeiro, último da parceria Queen + Paul Rodgers.

Paul Rodgers: Vocais
Brian May: Guitarra Red Special e vocais de apoio
Roger Taylor: Vocais, sintetizador e bateria DW

SMALL (REPRISE)

autoria: Roger Taylor
produção: Queen + Paul Rodgers e Justin Shirley-Smith
gravada e mixada em: The Priory

Edição com *overdubs* da faixa "Small" de Roger Taylor.
Paul Rodgers: Vocais
Brian May: Guitarra Red Special, violão Guild 12 cordas, vocais de apoio e baixo
Roger Taylor: Bateria DW e vocais de apoio

NO BAÚ DE *COSMOS ROCK*

Músicas trabalhadas nas sessões, mas que ficaram de fora do álbum: "Runaway" e "Take Love".

MASTERS

FAIXAS EXTRAS

OUTRAS FAIXAS GRAVADAS PELA BANDA COMO QUEEN

COLABORAÇÃO SETSUO KAEDEI JÚNIOR

LET ME IN YOUR HEART AGAIN

autoria: Brian May
produção: Queen, Justin Shirley Smith,
Joshua J. Macrae e Kris Fredriksson
gravada e mixada: Record Plant e Allerton Hill

Faixa escrita por Brian May, nas sessões do álbum *The Works* (1984), porém não finalizada pelo Queen na época. Em 1988 a canção foi lançada por Anita Dobson esposa de Brian no álbum *Talking of Love*, com Brian nas guitarras e na produção.

Finalmente 30 anos depois a faixa foi concluída e lançada em 10 de novembro de 2014 na coletânea *Queen Forever*. Gravada inicialmente nos estúdios Record Plant, Los Angeles, em 1983 e finalizada e produzida em 2014 pelo Queen (Brian e Roger), e coproduzida por Joshua J. Macrae, Justin Shirley-Smith e Kris Fredriksson. Uma versão estendida foi lançada em novembro de 2014 como *single*, remixada por Wiliam Orbit, o qual foi responsável pelos teclados adicionais e programação. Essa versão chamada de "William Orbit Mix" foi lançada em uma campanha para angariar fundos para a Product Red no combate contra o vírus HIV na África.

Freddie Mercury: Vocal e vocais de apoio
Brian May: Guitarra Red Special e vocais de apoio
Roger Taylor: Bateria Ludwig e vocais de apoio

John Deacon: Baixo Fender Precision
Fred Mandel: Piano

LOVE KILLS

autoria: Freddie Mercury | produção: Queen, Justin Shirley Smith, Joshua J. Macrae e Kris Fredriksson | gravada e mixada em: Musicland

Primeiro *single* solo de Freddie Mercury, escrita por ele e Giogio Moroder. Giorgio é um produtor e compositor italiano especializado em disco music e famoso por produzir diversos discos de Donna Summer.

A faixa foi gravada originalmente em 1983 nos estúdios Musicland, em Munique, nas sessões do álbum *The Works*. A nova versão "The Ballad" foi lançada em 10 de novembro de 2014 na coletânea *Queen Forever*. Com arranjo de Brian May, e novas gravações de Brian e Roger, a faixa foi produzida pelo Queen e coproduzida por Joshua J. Macrae, Justin Shirley-Smith e Kris Fredriksson.

Freddie Mercury: Vocal e vocais de apoio
Brian May: Guitarra Red Special e vocais de apoio
Roger Taylor: Bateria Ludwig e vocais de apoio
John Deacon: Baixo Fender Precision e guitarra

THERE MUST BE MORE LIFE THAN THIS

autoria: Freddie Mercury e Michael Jackson
produção: Queen e William Orbit
gravada e mixada em: Michael Jackson Home Studio

O primeiro dos três duetos gravados por Freddie Mercury e Michael Jackson no início dos anos 80 e o único lançado oficialmente até o presente momento.

Uma versão gravada pelo Queen teria sido incluída no álbum *Hot Space* de 1982, em seguida a banda planejava lançá-la em *The Works*, mas acabou sendo descartada e regravada para o álbum solo de Freddie, *Mr. Bad Guy* em 1985.

A nova versão foi produzida e mixada por William Orbit, e foi lançada também na coletânea *Queen Forever* de 2014.

Freddie Mercury: Vocal e piano
Michael Jackson: Vocal
Brian May: Guitarra Red Special
John Deacon: Baixo Fender Precision
Roger Taylor: Bateria Ludwig
William Orbit: Sintetizador

NO ONE BUT YOU
(ONLY THE GOOD DYE YOUNG)

autoria: Brian May | produção: Queen | gravada e mixada em: Allerton Hill

Escrita por Brian May (inspirada em Freddie e na trágica morte da Princesa Diana) a faixa foi lançada em 3 de novembro de 1997 na coletânea *Queen Rocks*, e como *single* em 5 de janeiro de 1998 no Reino Unido como duplo lado A com "Tie Your Mother Down", atingindo a posição de número 13 nas paradas britânicas. A história dessa canção é curiosa. Inicialmente planejada para ser lançada como *single* a faixa foi vetada pela Parlophone (subsidiária da EMI), porém uma petição via internet dos fãs obrigou a gravadora a lançá-la como *single*.

A faixa teria sido incluída no segundo álbum solo de Brian, *Another World*, de 1998, porém Brian "caiu na besteira" de enviá-la para Roger Taylor, que adorou e disse que eles teriam de gravar juntos como mais uma faixa do Queen.

O início da canção é inspirado pela estátua de Freddie Mercury às margens do lago Geneva ("A hand above the water / An Angel reaching for the sky" - "Uma mão sobre a água / Um anjo procurando o céu").

No dia 29 de novembro de 1997 um vídeo foi filmado pela Torpedo Twins no Bray Studios (o mesmo que a banda usou para ensaios do tributo a Freddie Mercury), com os três remanescentes do Queen executando a faixa. Essa é a última participação de John Deacon com o Queen.

A faixa foi executada por Brian e Roger em suas turnês solo.

Brian May: Vocal, vocal de apoio, guitarra Red Special e piano
John Deacon: Baixo Fender Precision
Roger Taylor: Vocal, vocal de apoio e bateria Sleishman
William Orbit: Sintetizador

REFERÊNCIAS

LIVROS

PURVIS, George. *Queen Complete Works*. UK: Reynolds and Hearn Ltd., 2006.
HODKINSON, Mark. *Queen EarlyYears*.UK: Omnibus Press, 1995.
ROCK, Mick. *Classic Queen*. Nova York: Sterling, 2007.
FREESTONE, Peter & EVANS, David. *Freddy Mercury. Memórias do homem que o conhecia melhor*. Trad. DUARTE, Ana. São Paulo: Madras, 2009.
HAUER, Selim. *Freddy Mercury*. São Paulo: Planeta do Brasil, 2010.

SITES

www.bechsteindebaucherry.com
www.queenpedia.com
www.queenne.com.br
www.queenbrazil.com.br

APOIADORES

A primeira edição deste *Masters: Queen em Discos e Canções* foi viabilizada pelo financiamento coletivo proporcionado pela pré-venda realizada em parceria com a Benfeitoria. A Sonora Editora e o autor Marcelo Facundo Severo gostariam de agradecer aos seguintes benfeitores:

Adriana Meddows Taylor, Adriana Vendramini Terra, Adriano Ferrari, Adriano Mussolin, Alan James, Alecsandro Amaro de Lima, Alexandre Costa Rangel, Alexandre Miranda, Alexandre Otsuka, Alexandre Portela Ribeiro e Silva, Alexandre Zovico Viganó, Alexsandro da Silva Limeira, Allan Charles Belle Pimenta, Ana Lucia Soave, Anderson Luiz, André Luiz de Medeiros, André Luiz Rodrigues Sitta, André Mauricio Geraldes Martins, André Polidoro, André Ricardo, Andréa Veríssimo Reis Costa, Antonio Carlos Teixeira de Souza, Antonio Ferreira da Silva e Marina Messias, Ary Alfredo Pereira Fortes, Bárbara Xavier Mendes Fróes, Beatriz Gomes Tomassini de Carvalho, Beto Feitosa, Bianca Cruz, Bianca Martins Peter, Britney Sarah Toyama, Bruna Machado, Bruna Rampel Dantas, Bruno Araujo de Barros, Camila Reimberg Santos, Carla Patricia Facundo Severo, Carlos Alberto Costa Araujo Júnior, Carlos Eduardo Poletto Gonçalves, Carlyle Marques Barral, Carolina Goldenberg, Christina Fuscaldo, Cindia Ferreira Sperandio L. Silva, Claudia Martins dos Santos, Content Books Comércio de Livros, Cristian Santarosa, Cristiane Lopes da Silva, Cristiane Marchetti, Cristiane Nascimento da Silva, Cristiano Morici da Silva, Cristine Vilardo Viana, Cynthia Peluso Ferreira, Cynthia Rabello, Daniel Figueiredo, Daniel Gonçalo da Silva, Daniel Pires L. da Costa, Daniela G. V. Neves, Danila Abreu, Débora Maria do Amaral Lacerda, Denise Takahashi dos Reis, Diego Bassani, Dominique Chiarelli, Dora Soraia Kindel, Douglas Alexandre, Douglas Maciel de Oliveira, Eduardo H. S. Mendes, Elaine Collodoro, Elisandra Bezerra dos Santos, Elizabeth Gislaine Rathunde Lopes, Emanuella Gomes Ribeiro, Emerson Drovette, Emerson Ruiz Alcalde, Emilio Pacheco, Érico Becker, Everson Candido, Fabio Nascimento, Felinto Lacerda Jr., Felipe Kfuri, Felipe Mizumoto, Felipe Torrão, Fernanda Roggieri de Abreu, Fernando Antônio Paiva Rodrigues, Fernando de Oliveira, Fernando José Costa de S. C. Barro, Fernando Pessutto, Fernando Pestana, Fernando Torres Vieira, Flavia Lisboa Porto, Flavia Silva Lobo, Francisco Henrique Ribeiro, Frederico Araujo, Fred Cesquim, Gabriel Gonçalves

Carvalho, Gabriella Medeiros, Gerônimo Carneiro de Mendonça Araujo, Heitor Araujo (Tracks), Greg Alexandre Patelli, Guilherme Antonio Fernandes, Guilherme Castañon, Guilherme Salamuni, Gustavo Almeida da Silva, Henrique Vieira Batista, Humberto Martins Bordallo, Isabella Cardoso, Ivan Daniel Manieri, Ivana Carneiro Vieira, Ivanete Maria Costa, Jade Almeida, Janete Roja Hadad, Joana D'Arc Oliveira Correa, João Batista Pinto, João José Facundo Severo, João Marcos Abreu, João Paulo Ribeiro, João Paulo Zenun Ramos, Jocemara Nepumoceno, José Antonio Torrão Jr., José Carlos Araujo de Paula Souza, José Helder Facundo, José Roberto Balbino Alvarenga, Juliano P. Netto, Júlio Ferraz, Karen Vieira, Katherine Ruas, Katia Leal Martins, Larissa Brazão, Leni Gomes, Leo Kiewik, Leonardo José Zimmermann da Costa, Leonardo Ramos Firmeza, Letícia Kacperski, Lívia Mendonça Silva, Luana Letícia de Souza Negrão Morais, Luca Duellberg Von Faber Bison, Lúcia Schenini, Luciana Bernardes Secron, Luis Carlos Barbosa, Luiza Gonçalves Garcia, Lupercio Brasil Ribeiro de Azevedo Junior, Marcel Brito de Azevedo, Marcelo Cunha, Marcelo Galindo Cseh, Marcelo Marineli, Marcelo Pestana, Marcelo Sanches, Márcia Jamel Abdalla, Marcílio Orlando Maranhão, Márcio Biaso, Marcos Alexandre de Araujo Imamura, Marcos André da Silva Gomes, Marcos César Dufrayer, Maria Cristina Kanda, Maria Filomena Xavier Mendes, Maria Helena Pinto Machado, Maria Liduina Facundo Severo, Mariana Fernandes S. Lopes, Mariana Letícia Pires, Matheus Alexandre Martin Penedo, Matheus Arantes Pederassi, Maurício Gouvêa Silva, Mauro Henrique P. Duarte, Michele Hasselmann, Michelle Contrucci de Assunção Aguiar, Milene Durão, Mirian Nakamura Gouvea, Miro Massao Takada, Mônica Bittencourt, Mônica Yamane de Oliveira, Murillo Jamel, Murilo Eduardo Farah, Natália Moneda Palota, Nelson Carrieri, Nelson de Faria Peres, Note Livros Musicais Ltda., Olivier Ruth, Omar Abou Samra Filho, Orlando Guimaro Junior, Pablo Ribeiro Cardoso, Pauline do Amaral Rosa, Paulo Cesar Teixeira, Paulo de Avila Scharlack, Paulo Dompieri, Paulo Soares, Pedro Carlos de Lima Mendes, Pedro Henrique Mascari, Pergunta Fixar, Poliana R. Schwantes, Priscila Velasco, Rafael Aragão Pinto, Rafaella Gonçalves, Raul César Sobral Jamel, Reinaldo Kramer, Renato Martins, Renato Moretti Uchida, Roberta Alves de Carvalho, Roberta Baraúna Leite Azevedo, Roberto Camizão, Rodrigo Andrade, Rodrigo da Silva Santos, Rodrigo Godoy Bugano, Rodrigo Nascimento Lisboa, Rodrigo Pereira Capistrano, Rodrigo Xavier Bartsch, Rogério Morgado, Rogério Ramos Marques Pina, Rogério Sebastião Oliveira Pinto, Rogerio Utrila, Romulo Costa Araujo, Rosemeire Gonzalez Piccoli Menolli, Ruth Coelho da Silva Fróes, Sandra Noveli, Sérgio Alexandre Seiji Miyagi, Sérgio Nadal Júnior, Silvia Barbosa, Silvio Antonio Parizoto, Smirna Gallafrio Figueira Carli, Stella Maris Soares da Silva, Tainara da Silva Machado, Tatiane Pires, Victor Barboza, Vinicius Giuliano Gonçalves Mendes, Vitor Pereira da Cruz, William Nilsen, William Severo Facundo e Yuri Calandrino.